telc

AF628883

Prüfungstraining

telc Deutsch C1 Hochschule

Nicole Fernandes
Jana Hensch
Marika Liske
Dr. Jacqueline Thommes

telc gGmbH
Bad Homburg

Prüfungstraining
telc Deutsch C1 Hochschule

Autorinnen Nicole Fernandes, Jana Hensch, Marika Liske, Dr. Jacqueline Thommes
Mitarbeit Dr. Jutta Çıkar, Annette Frisch, Brigitte von Kenne, Dr. Andrea Neuhaus
Tonaufnahmen Audimax Kreation in Bild und Ton GmbH

Weitere Informationen zu unseren Lehrwerken finden Sie unter: *www.telc.net/lehrmaterialien*

www.telc.net
1. Auflage[3] 2025
telc Order-Nr.: V01-4005-TPR-2201A
ISBN: 978-3-946447-94-8

Die wichtigsten Abkürzungen und Symbole

💡	Tipp oder hilfreiche Strategie für die Prüfung	ggf.	gegebenenfalls
🔊	Aufgabe zum Hörverstehen mit Trackangabe	max.	maximal
bzw.	beziehungsweise	S.	Seite
ca.	circa (= ungefähr)	u. a.	unter anderem
d. h.	das heißt	usw.	und so weiter
etc.	et cetera (= und so weiter)	z. B.	zum Beispiel

Hinweise zur Arbeit mit diesem Prüfungstraining

Das **Prüfungstraining telc Deutsch C1 Hochschule** bereitet Sie als angehende Studierende aus dem Ausland intensiv auf die Prüfung *telc Deutsch C1 Hochschule* vor, mit der Sie eine Zulassungsvoraussetzung zum Studium an deutschen Hochschulen erwerben können. Dabei üben Sie anhand von original telc Prüfungsaufgaben und erlernen wichtige Strategien und Techniken zum Lösen der einzelnen Prüfungsteile. Sie erarbeiten Schritt für Schritt, wie jede der zehn Prüfungsaufgaben funktioniert und worauf Sie besonders achten müssen.

Jede Lektion des Prüfungstrainings

- thematisiert und übt eine der zehn Prüfungsaufgaben.
- stellt zu Beginn die wichtigsten Informationen zum jeweiligen Prüfungsteil zusammen.
- beinhaltet Übungen, die schrittweise an die Aufgabe heranführen.
- enthält eine original telc Prüfungsaufgabe.
- vermittelt hilfreiche Tipps und Strategien zum Lösen der Aufgaben.
- kann anhand von kommentierten Lösungen im Anhang selbstständig ausgewertet werden.

Die einzelnen Lektionen des Prüfungstrainings beschäftigen sich mit den zehn verschiedenen Teilen der Prüfung *telc Deutsch C1 Hochschule*. Diese sind unterschiedlich lang, da Prüfungsteile, die Prüfungsteilnehmenden erfahrungsgemäß besonders schwer fallen, intensiver geübt werden, wie etwa der Schriftliche Ausdruck. Die Lektionen zum Schriftlichen und Mündlichen Ausdruck enthalten zusätzlich **kommentierte authentische Lernerleistungen**, um die Bewertung der Prüfung nachvollziehen zu können. Angehende Studierende haben so die Möglichkeit, ihre eigene Leistung mit der bewerteten Lernerleistung zu vergleichen und ihren Schriftlichen oder Mündlichen Ausdruck zu verbessern. Sie üben damit auch, ihre Sprachkenntnisse selbstständig einzuschätzen.

Zusätzlich zum Training in den Lektionen kann an einem **original telc Übungstest** abschließend das Erlernte überprüft werden. Ausgewählte Informationen zur Prüfung wie Bewertungskriterien zum Schriftlichen und Mündlichen Ausdruck sowie die Punkteverteilung helfen dabei, sich einen Überblick über das Prüfungsformat zu verschaffen. Alle Audiodateien, die Sie benötigen, um die Hörverstehensaufgaben zu lösen, können Sie auf unserer Webseite herunterladen:

https://www.telc.net/lehrmaterialien/downloadbereich/

Alternativ finden Sie sie in der App **telc Deutsch-Box**, mit der Sie die Audios direkt über das Smartphone abspielen können. Diese können Sie kostenlos in Ihrem Appstore herunterladen.

Das **Prüfungstraining telc Deutsch C1 Hochschule** ist sowohl für Selbstlerner als auch für den Einsatz im Unterricht geeignet. Wenn Sie im Kurs mit dem Lehrwerk **Einfach zum Studium! Deutsch für den Hochschulzugang C1** arbeiten, bietet sich das Prüfungstraining als passende Ergänzung an: Die einzelnen Lektionen des Prüfungstrainings greifen die Modulthemen und Texte des Lehrwerks wieder auf und ergänzen diese durch neue Aspekte. Wichtiger Wortschatz und Redemittel aus dem Lehrwerk werden dadurch ebenfalls wiederholt. Somit findet sich auch im Prüfungstraining ein breites Spektrum der von ausländischen Studierenden am häufigsten nachgefragten Fachgebiete wieder.

Allgemeine Tipps zur Prüfungsvorbereitung für angehende Studierende

Konzentrieren Sie sich bei der Prüfungsvorbereitung nicht nur auf das Prüfungsformat selbst, sondern versuchen Sie, Ihre Deutschkenntnisse auf vielfältige Weise zu erweitern und zu festigen. Gerade auf der Niveaustufe C1 sind praktisch alle Themen und Textsorten relevant. Versuchen Sie zur Verbesserung Ihrer **Lesekompetenz** möglichst viel zu lesen, während Sie sich auf Ihre Prüfung vorbereiten. Sämtliche deutsche Zeitungen und Magazine verfügen über eine Internetpräsenz, auf der Sie einen Teil der Artikel online abrufen können. Wählen Sie Texte zu gesellschaftlichen, geschichtlichen, technischen oder wissenschaftlichen Themen. Achten Sie beim Lesen auch darauf, wie Gedanken formuliert und entwickelt werden. Je mehr Sie lesen, desto schneller können Sie die Inhalte erfassen.

Ihr **Hörverstehen** können Sie schulen, indem Sie Radiobeiträge und Podcasts zu verschiedenen Themen hören oder sich deutschsprachige Filme (anfangs, wenn möglich, mit Untertiteln) ansehen. Bei den Mediatheken der öffentlich-rechtlichen Rundfunk- und Fernsehsender finden Sie ein großes Angebot dazu.

Auch wenn Sie nicht in einem Kurs Deutsch lernen, versuchen Sie, zusammen mit anderen Ihre Sprachfertigkeiten zu trainieren. Bilden Sie mit anderen Prüfungskandidatinnen und -kandidaten Lerngruppen und kommunizieren Sie so viel wie möglich auf Deutsch, um Ihren **Schriftlichen** und **Mündlichen Ausdruck** zu verbessern. Wenn Sie in Ihrem persönlichen Umfeld niemanden kennen, der sich ebenfalls auf eine Prüfung vorbereiten möchte, nutzen Sie soziale Netzwerke oder schauen Sie, ob es in Ihrer Stadt ein Angebot für Sprachtandems gibt.

Für jeden Prüfungsteil ist **ein bestimmter Zeitrahmen** vorgesehen. Innerhalb dieser Zeit müssen Sie alle Aufgaben bearbeiten und Ihre Antworten auf den Antwortbogen übertragen. Es ist daher wichtig, diesen zeitlichen Rahmen gut zu kennen und sich die Zeit innerhalb der einzelnen Subtests gut einzuteilen.

Am Ende des Übungstests finden Sie einen **Antwortbogen**, auf den Sie Ihre Antworten übertragen müssen. Dabei sollten Sie in der Prüfung einen Bleistift benutzen und nicht außerhalb der vorgesehenen Felder schreiben. Dies ist wichtig, da der Antwortbogen maschinell ausgelesen wird und nur so Ihre Antworten erkannt werden können. Am besten kopieren Sie den Antwortbogen und legen ihn direkt neben die Aufgaben, um die Antworten zu übertragen. Auch den Text des Schriftlichen Ausdrucks müssen Sie in der Prüfung auf den Antwortbogen übertragen.

Anmeldung zur Prüfung: Unter *https://www.telc.net/sprachpruefungen/deutsch/deutsch-c1-hochschule/ihr-hochschulzugang-1/* finden Sie aktuelle Prüfungstermine.

Beim Leseverstehen, Teil 1 lesen Sie einen Text, den Sie mit sechs zusätzlichen Sätzen vervollständigen müssen. Dazu stehen Ihnen acht Sätze zur Verfügung. Um diese Aufgabe erfolgreich zu lösen, müssen Sie Bezüge zwischen den einzelnen Informationen herstellen. Dazu ist es wichtig, nicht nur auf den Inhalt zu achten, sondern auch auf die Grammatik. Ganz besonders sollten Sie auf Verknüpfungsmittel wie beispielsweise *außerdem* oder *deshalb* schauen, aber auch darauf, ob zum Beispiel Pronomen zum vorhergehenden Satz passen.
In jede Lücke passt nur ein Satz. Achtung: Zwei Sätze passen in keine Lücke!

Vorgehensweise: Es kommt bei dieser Aufgabe nicht darauf an, jedes einzelne Wort genau zu verstehen. Lesen Sie so, dass Sie die logische Struktur des Textes verstehen, und konzentrieren Sie sich besonders auf die Textstellen mit den Lücken.

Textlänge: 400–500 Wörter

Zeit: ca. 15 Minuten

Bewertung: 2 Punkte pro Satz, insgesamt: 12 Punkte

1 Die Aufgabe kennenlernen

a Beim Lesen eines Textes finden Sie den unten stehenden Satz. Es folgt eine Lücke, für die mehrere Sätze (a–d) als Lösungen zur Verfügung stehen.
Lesen Sie das Beispiel und die Begründung zur Lösung.

Beispiel: Beim Lesen von Nachrichten oder Recherchieren von Informationen im Internet ist Vorsicht geboten. ...

a [X] Es ist schließlich nicht immer eindeutig festzustellen, woher Neuigkeiten und Texte stammen.

b [ ] Deshalb vertrauen viele Menschen den Informationen nicht.

c [ ] Das Internet bietet heutzutage eine nahezu unerschöpfliche Quelle für Informationen und Nachrichten.

d [ ] Milliarden Menschen weltweit tauschen heutzutage Informationen über das Internet aus.

TIPP

Antwort a passt hier am besten, weil sie erklärt, warum man bei Informationen aus dem Internet vorsichtig sein sollte. Einen Hinweis darauf gibt der Ausdruck *schließlich nicht immer eindeutig*.

Antwort b beginnt mit *deshalb*. Folglich müsste der vorherige Satz eine Aussage darüber enthalten, warum die Menschen den Informationen nicht vertrauen. Dies ist nicht der Fall.

Antwort c gibt mehr Informationen über das Internet, sagt aber nichts über mögliche Gefahren aus.

Antwort d gibt an, dass viele Menschen das Internet nutzen. Dies führt ebenfalls den Gedanken zur Vorsicht nicht weiter.

b Entscheiden Sie für die folgenden Sätze selbst, welche sich jeweils am besten an den ersten Satz anschließen. Woran haben Sie das erkannt? Markieren Sie die sprachlichen Elemente, die die Satzteile miteinander verbinden.

1 Mehr als eine Milliarde Menschen weltweit besitzen ein Profil in einem sozialen Netzwerk. ...
   - a ☐ Im Winter 1971 wurde die erste E-Mail verschickt.
   - b ☐ Der Großteil verfügt sogar über mehrere Accounts bei unterschiedlichen Anbietern.
   - c ☐ Die virtuelle Welt ist mit der Entwicklung des Smartphones zu unserem täglichen Begleiter geworden.

2 Handys/Smartphones werden heute kaum noch ausgeschaltet. ...
   - a ☐ Sie besitzen einen Akku, wobei die Betriebszeiten stark variieren.
   - b ☐ Durch die starke Konkurrenz auf dem Markt sind viele Modelle günstiger geworden.
   - c ☐ Auf diese Weise kommt es zu einem Anstieg des Energieverbrauchs.

3 Das Internet ist trotz seiner Anonymität kein rechtsfreier Raum. ...
   - a ☐ So werden Beleidigungen und Drohungen inzwischen auch strafrechtlich verfolgt.
   - b ☐ Theoretisch kann sich jeder im Internet ein falsches Profil zulegen.
   - c ☐ Internetkriminalität hat in den letzten Jahren zugenommen.

2 Zusammenhänge erkennen

a Sie finden hier Auszüge aus dem Text „Bringt uns das Internet enger zusammen?". Lesen Sie jeweils den ersten Satz und überlegen Sie, worauf er inhaltlich am ehesten hinweisen könnte.

1 Das Internet hat im Laufe von wenigen Jahren unsere Welt und unser Leben verändert, da es uns ermöglicht, innerhalb von Sekunden mit Menschen auf der ganzen Welt in Kontakt zu treten.
   - a ☐ Es folgt die Geschichte des Internets.
   - b ☐ Es folgen Informationen über Nutzer von Chatportalen.
   - c ☐ Es folgen Vergleiche zwischen Kontakten früher und heute.

2 Ein weiterer Trend, der sich mit dem Internet entwickelt hat, ist ein umfangreiches Angebot an sozialen Netzwerken.
   - a ☐ Es folgt eine Erklärung darüber, wofür soziale Netzwerke verwendet werden.
   - b ☐ Es folgt eine Erklärung, warum Menschen ohne soziale Netzwerke nicht mehr leben können.
   - c ☐ Es folgt eine Erläuterung über die Entwickler von sozialen Netzwerken.

3 Manche Menschen behaupten, dass sich zwischenmenschliche Beziehungen nicht in virtuellen Räumen herstellen lassen.
   - a ☐ Es folgen Informationen über Partnerportale im Netz.
   - b ☐ Es folgen Überlegungen zu den Möglichkeiten und Grenzen von Internet-Kontakten.
   - c ☐ Es folgt eine Erklärung des Ausdrucks „virtueller Raum".

b Schauen Sie nun, wie der Text weitergeht. Welche Satzteile beziehen sich aufeinander? Vergleichen Sie den Satz mit den Informationen aus Aufgabe 2a und analysieren Sie, warum die anderen Möglichkeiten nicht so gut geeignet sind.

1 Das Internet hat im Laufe von wenigen Jahren unsere Welt und unser Leben verändert, da es uns ermöglicht, innerhalb von Sekunden mit Menschen auf der ganzen Welt in Kontakt zu treten. Wo früher ein Brief tage- oder sogar wochenlang unterwegs war, bis er beim Empfänger ankam, erhalten wir heute eine Flut von kürzlich verfassten E-Mails, die wir auch sofort beantworten können.

2 Ein weiterer Trend, der sich mit dem Internet entwickelt hat, ist ein umfangreiches Angebot an sozialen Netzwerken. Hier können die Anwender persönliche oder professionelle Profile erstellen und diese mit Kontakten auf der ganzen Welt teilen.

3 Manche Menschen behaupten, dass sich zwischenmenschliche Beziehungen nicht in virtuellen Räumen herstellen lassen. Das Netz kann allenfalls ein Ort sein, an dem Kontakte gepflegt werden, wirkliche menschliche Nähe wird es aber kaum ersetzen können.

3 Bezüge zwischen Informationen herstellen

a In einigen Aufgaben helfen Ihnen Bezugswörter oder grammatische Strukturen bei der Entscheidung, welcher Satz passt. Schauen Sie sich die folgenden Sätze an und markieren Sie, worauf sich das unterstrichene Wort / der unterstrichene Ausdruck bezieht.

1 Bei viral im Netz verbreiteten Informationen lässt sich häufig nicht feststellen, woher diese Meldungen stammen. Aus diesem Grund sollte man Nachrichten aus dem Netz gegenüber kritisch sein.

2 Es hat sich gezeigt, dass manche Menschen im Internet mit sehr viel weniger Hemmungen agieren als im direkten Kontakt. Für manche geht dies so weit, dass sie andere massiv beleidigen oder sogar bedrohen.

3 Durch den technischen Fortschritt erhalten immer mehr Menschen Zugang zum Internet. Während der vergangenen Jahre konnte auf diese Weise immer mehr Wissen weltweit verbreitet werden.

4 Dem Internetnutzer stehen zahlreiche Angebote zur Verfügung, um sich mit anderen Menschen zu vernetzen. Es stehen beispielsweise soziale Netzwerke für private Kontakte, aber auch professionelle Netzwerke für die berufliche Weiterentwicklung zur Verfügung.

5 Besonders Kinder und Jugendliche sollten darin gefördert werden, das Internet sinnvoll zu nutzen und sich vor Gefahren zu schützen. Einen großen Teil dieser Förderung der Medienkompetenz übernehmen heute die Schulen.

6 Psychologen raten, nicht zu viel Zeit in virtuellen Räumen zu verbringen. Stattdessen sollte jeder Mensch auch weiterhin den direkten Kontakt zu seinen Mitmenschen suchen.

b Verbinden Sie die Sätze mit einem Wort oder Ausdruck aus dem Kasten. Achten Sie dabei auf den Sinn der Aussage und die Beziehung zwischen den Informationen. Einige Wörter passen nicht.

dafür • trotzdem • aufgrund dessen • dazu • trotz • bei • außerdem • jedoch • dieser • es • oder Ähnliches • dabei • darüber hinaus • damit • zwecks • zu • für • unter anderem

1 Einer der größten Vorteile eines Fernstudiums ist die zeitliche Flexibilität. .... entscheiden sich auch immer mehr Berufstätige für ein Online-Studium.

2 Theoretisch bietet ein Fernstudium den Studierenden ein höheres Maß an Freiheit und Auswahlmöglichkeiten. .... ist .... auch eine realistische Einschätzung der eigenen Disziplin und Motivation erforderlich.

3 Zahlreiche Fernstudienangebote stehen gegenwärtig zur Verfügung. .... gehören .... beliebte Studienfächer wie Betriebswirtschaftslehre oder Informatik.

4 Das Fernstudium ist nicht an einen bestimmten Ort oder feste Zeiten gebunden. .... findet ausschließlich an beliebigen Orten und zu beliebigen Zeiten statt.

5 Ein Fernstudium bedeutet sicher nicht, dass man einfach ein wenig lernt, wenn man gerade Lust dazu hat. Feste Zeitpläne sind eher geeignet, Studierende .... der Umsetzung ihrer Studienvorhaben zu unterstützen.

4 Gedanken weiterführen

a Entscheiden Sie bei den folgenden Sätzen, welcher die passende Weiterführung des Gedankens aus dem vorangehenden Satz darstellt. Analysieren Sie, warum Sie sich so entschieden haben.

1 Zum gegenwärtigen Zeitpunkt verzeichnen die Fernuniversitäten deutliche Zuwachsraten bei den Einschreibungen.

a ☐ Es ist allerdings unklar, wie viele Studierende in Zukunft wirklich einen Abschluss erreichen.

b ☐ Vorher war das Fernstudium weder so bekannt noch so beliebt.

c ☐ Im Allgemeinen zeichnet sich in Deutschland ein Trend zur akademischen Ausbildung ab.

2 Es bleibt abzuwarten, ob Arbeitgeber die Abschlüsse von Fernuniversitäten ebenso anerkennen wie die Abschlüsse von traditionellen Präsenzuniversitäten.

a ☐ Auf der anderen Seite beklagen manche Unternehmen einen Rückgang der Ausbildungsinteressierten.

b ☐ Außerdem stellt sich die Frage, ob ein Studium im Vergleich zu einer Berufsausbildung immer die bessere Wahl ist.

c ☐ Dies wird künftig sicherlich auch durch die Lage auf dem Arbeitsmarkt beeinflusst.

3 Für Berufstätige stellt ein Fernstudium eine nicht zu unterschätzende zusätzliche Belastung dar.

a ☐ Immerhin erfordert ein solches Vorhaben den Verzicht auf Freizeit über einen langen Zeitraum.

b ☐ Ein Vorteil der Fernuniversitäten ist, dass sie praktisch beliebig viele Studierende aufnehmen können.

c ☐ Ob nun zu Hause oder im Hörsaal gelernt wird, spielt aber keine große Rolle.

b Schauen Sie sich die folgenden Antwortoptionen an. Sie könnten alle zum vorangehenden Satz passen. Benutzen Sie den Folgesatz, um sich zu entscheiden.

> **TIPP**
> Häufig bildet der Satz in der Lücke eine Brücke zwischen zwei Informationen. Wenn Sie also nicht sicher sind, welche Antwortoption in die Lücke passt, lesen Sie nach der Lücke weiter. Dieser Satz hilft Ihnen bei der Entscheidung.

1 **Vorangehender Satz:** Jüngere Studierende bevorzugen Präsenztermine, weil das bei der eigenen Studienorganisation hilft.

a ☐ Außerdem schätzen sie die Zusammenarbeit mit anderen Studierenden und den direkten Kontakt zum Lehrpersonal.

b ☐ Zwei Drittel der Studierenden in der ersten Ausbildung können sich nicht vorstellen, sich für ein Fernstudium einzuschreiben.

c ☐ Besonders zu Beginn des Studiums greifen sie gern auf die Infrastruktur der Universität zurück.

Folgesatz: Das Masterstudium können sich schon deutlich mehr Studierende als Fernstudium vorstellen.

2 **Vorangehender Satz:** Fernuniversitäten bemühen sich, ihren Studierenden auch eine umfassende Betreuung über das Internet anzubieten.

a ☐ Damit stehen sie allerdings vor den gleichen personellen Herausforderungen wie Präsenzuniversitäten.

b ☐ So werden etwa Lernportale, Diskussionsforen oder Chats mit Dozenten angeboten.

c ☐ Dabei stellt sich allerdings das Problem der zeitlichen Organisation.

Folgesatz: Eine Erweiterung der Kapazitäten geht schließlich auch immer mit einem Anstieg der Kosten einher.

3 **Vorangehender Satz:** Grundsätzlich ist gegen ein erweitertes Bildungsangebot natürlich nichts einzuwenden.

a ☐ Man muss sich allerdings darüber im Klaren sein, dass sich die Fernlehre nur für sehr theoretische Studienfächer eignet.

b ☐ Für die Fernuniversitäten müssen jedoch die gleichen Qualitätsstandards gelten wie für traditionelle Universitäten.

c ☐ In jedem Fall sprechen die Studierendenzahlen der Fernuniversitäten für dieses Modell.

Folgesatz: Entsprechend ist es ausgeschlossen, dass Fernuniversitäten das traditionelle Modell irgendwann vollständig ablösen werden.

5 Einen Text selbstständig ergänzen

a Lesen Sie im folgenden Textauszug zum Thema „Medienkompetenz“ die Sätze vor und nach den Lücken. In der Lücke fehlt jeweils ein Satz, den Sie selbst ergänzen sollen. Überlegen Sie sich zuerst grob, welcher Inhalt in die Lücke gehört, sodass Sie einen sinnvollen, zusammenhängenden Text erhalten. Formulieren Sie den Satz noch nicht aus.

Seit Jahrzehnten wird an Schulen und Universitäten, in Behörden und Ministerien über das Thema „Medienkompetenz“ diskutiert und die meisten Experten und Entscheidungsträger sind davon überzeugt, dass Jugendliche heute mehr denn je lernen müssen, einen nützlichen, aber auch kritischen Zugang zum Medienangebot unserer Zeit zu entwickeln. ……1……. Viel wurde damit erreicht. Nahezu 100 Prozent der jungen Menschen nutzen das Internet und können so jederzeit auf Inhalte zugreifen, Daten austauschen und Freunde kontaktieren. Bei der Medienkompetenz stand bisher die Frage im Vordergrund, wie man die Angebote nutzen kann. ……2……. So euphorisch die Stimmung auch bis heute ist, so sollten wir dennoch einige kritische Aspekte der virtuellen Welt nicht außer Acht lassen, die aus meiner Sicht ebenso Kompetenz erfordern wie das Nutzen der Online-Ressourcen. ……3……. Ich beginne mit dem Verzicht, da er den Kern meiner Empfehlungen bildet, komme dann auf die Quellenlage zu sprechen, um schließlich mit einigen Beispielen aus dem Bereich der Unterhaltungsmedien abzuschließen.

Unser Gehirn wird rund um die Uhr mit medialen Inhalten konfrontiert und muss dabei gewaltige Datenmengen bewältigen. ……4……: Zum einen befindet sich das Gehirn in einem dauerhaften Belastungszustand und zum anderen werden die meisten Informationen aufgrund der Menge nur als Bruchstücke wahrgenommen. Immer seltener erholt sich das Gehirn, denn Phasen ohne Information sind selten geworden. Weil wir ständig neuen Informationen ausgesetzt sind, nehmen wir sie nur als Bild oder Schlagzeile wahr, überprüfen sie aber gleichzeitig immer seltener auf ihren Hintergrund. In diesem Zusammenhang bedeutet Medienkompetenz auch, Erholungsphasen für das Gehirn zu schaffen. ……5……. Neben dem „Aussortieren“ von Informationen müssen Jugendliche aber auch lernen, sich zu einzelnen Informationen eigene Gedanken zu machen und ihr Wissen darüber zu vertiefen. Wenn sie zu einem Thema nur auf fertige Lösungen zurückgreifen, wie sie im Internet in großer Zahl zu finden sind, lernen sie letztlich nur, fremde Ideen zu reproduzieren, aber kaum, eigene Ideen zu entwickeln.

b Wählen Sie dann einen geeigneten Satzanfang aus, um jeweils einen passenden Satz pro Lücke zu formulieren.

1 a ☐ Trotzdem
  b ☐ Auf diese Weise
  c ☐ Daher

2 a ☐ Aktuell
  b ☐ Gestern
  c ☐ In fünf Jahren

3 a ☐ Ein Aspekt
  b ☐ Zwei Aspekte
  c ☐ Drei Aspekte

4 a ☐ Das braucht
  b ☐ Das hat
  c ☐ Das bezeichnet

5 a ☐ Es
  b ☐ Sie
  c ☐ Der

c Überprüfen Sie Ihre Wahl. Schreiben Sie abschließend einen Satz, der in die Lücke passt und den vorangehenden Satz mit dem Folgesatz verbindet.

1 ……………………………………………

2 ……………………………………………

3 ……………………………………………

4 ……………………………………………

5 ……………………………………………

Wichtige Tipps zum Leseverstehen, Teil 1

Achten Sie im Satz vor der Lücke auf Wörter, die eine Erwartung wecken (z. B. *zwei Ereignisse* → diese sollten im Lösungssatz genannt werden; Negationen → danach wird oft eine Alternative genannt; Temporalangabe → passt ein Lösungssatz in die zeitliche Abfolge? etc.)

Schauen Sie sich auch den Satz nach der Lücke an und entscheiden Sie, ob er sich ihrer Lösung logisch anschließt.

Grammatische Bezüge können Ihnen ebenfalls beim Finden der Lösung helfen (z. B. *der Beschluss* könnte im nächsten Satz *er* sein, aber nicht *sie*). Stellen Sie Sinnbezüge zwischen den vorgegebenen Sätzen und Ihrer Lösung her (z. B. Begründet Ihre Lösung den Satz davor? Liefert sie ein Beispiel? Stellt sie eine Information gegenüber? Formuliert sie eine Bedingung? Ergibt das jeweils Sinn?).

Zeitmanagement: Arbeiten Sie weiter, wenn Sie bei einer Aufgabe nicht sicher sind. Versuchen Sie, so viele Aufgaben wie möglich zu lösen, anstatt viel Zeit in eine einzige Aufgabe zu investieren. Wenn Sie andere Texte lesen, achten Sie darauf, wie die Autorin / der Autor Bezüge zwischen einzelnen Informationen herstellt und welche sprachlichen Mittel sie / er dafür verwendet.

6 Prüfungsaufgabe: Leseverstehen, Teil 1

Lesen Sie den folgenden Text. Welche der Sätze a–h gehören in die Lücken 1–6? Es gibt jeweils nur eine richtige Lösung. Zwei Sätze können nicht zugeordnet werden. Lücke (0) ist ein Beispiel. Sie lesen in einer Fachzeitschrift den folgenden Artikel.

Über die Schriftmedien

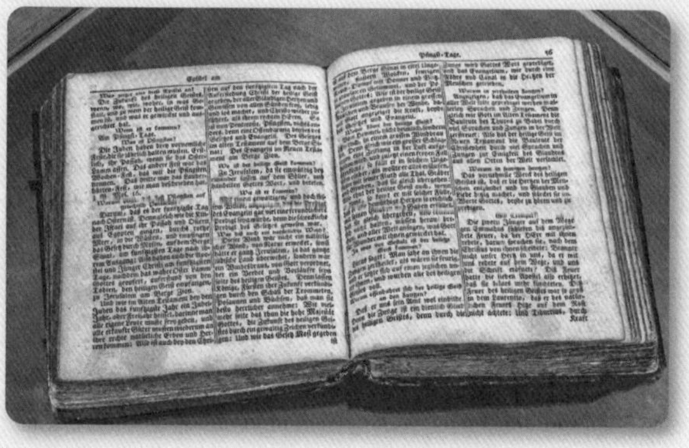

Der Begriff „Medium" bezeichnet zunächst ganz allgemein ein vermittelndes Element. ....0.......... . Ganz allgemein umfasst er dabei sowohl diese technischen Hilfsmittel selbst als auch die Akteure, die mithilfe solcher Mittel Informationen verbreiten.

Am Beginn der Kommunikationsmittel standen Träger von Schriftzeichen: Ton- oder Steintafeln mit eingeritzten Zeichen, die im Laufe der Zeit durch leichtere Materialien wie Leder, Leinen oder Papyrus abgelöst wurden. Als die Vorläufer von Büchern gelten die ägyptischen Papyrusrollen, die bis ins dritte Jahrtausend vor unserer Zeitrechnung zurückreichen. ....1.......... . Allmählich wurde sie jedoch vom Kodex verdrängt. Der Kodex bestand in der Antike anfänglich aus einer Anzahl von zusammengebundenen hölzernen Schreibtäfelchen. In der weiteren Entwicklung wurden dann nicht mehr Holztafeln, sondern Pergamentseiten beschrieben und zwischen zwei Holzdeckeln zusammengefasst. Pergament wurde ab dem 14. Jahrhundert zunehmend durch das viel günstigere Papier ersetzt. ....2.......... .

Den großen Umbruch in der Vermittlung von Wissensinhalten brachte das gedruckte Wort. Wenngleich die Anfänge des Buchdrucks in Ostasien liegen, bewirkte erst Johann Gutenbergs Erfindung des modernen Buchdrucks eine wahre Revolution der Medien. ....3.......... . Gutenberg, um 1400 in Mainz geboren und dort im Februar 1468 gestorben, entwickelte nicht nur eine besondere Metalllegierung für die beweglichen Druckbuchstaben, sondern auch eine eigene Druckerfarbe und die Druckerpresse. ....4.......... . Dank dessen breiteten sich Druckschriften ab der Mitte des 15. Jahrhunderts rasch in Europa und später in der ganzen Welt aus. Dieser Herstellungsprozess ermöglichte die Massenproduktion von Büchern. In knapp 50 Jahren, zwischen 1450 und 1500, entstanden so viele Bücher wie in dem ganzen Jahrtausend davor. Mithilfe durchdachter Vertriebsnetze erreichten die Schriften, anfänglich vor allem religiöser Natur, eine breite Öffentlichkeit. Der Buchdruck entwickelte sich zunächst im Umfeld der kirchlichen Erneuerungsbewegung der Reformation mit ihrem Anspruch, möglichst viele Menschen mit ihren Inhalten zu erreichen.

Neben Büchern wurden in dieser Zeit auch Einblattdrucke oder mehrseitige Flugschriften mit Bezug auf bestimmte aktuelle Ereignisse produziert. ....5.......... . Das Wochenblatt, herausgegeben vom Drucker Johann Carolus, befasste sich mit „Fürnemmen und gedenckwürdigen Historien" und gilt allgemein als erste Zeitung der Welt. Ihm folgten bald andere Blätter, die für eine breite Öffentlichkeit Nachrichten und Berichte aller Art verbreiteten. In Zusammenhang mit der zunehmenden Industrialisierung und Verstädterung wandelte sich das Zeitungswesen im 19. Jahrhundert zur Massenpresse. ....6.......... . Bezeichnete dieser Begriff im 20. Jahrhundert noch Funk und Fernsehen, so verweist er heute meist auf die digitalen Kommunikationsmittel wie E-Mails, das Internet oder die sozialen Netzwerke. Sie zeichnen sich dadurch aus, dass sie computergestützt arbeiten und einen interaktiven Umgang mit Inhalten ermöglichen. Dadurch haben die Schriftmedien eine gänzlich neue Dimension erreicht.

Beispiel:

z Im alltäglichen Gebrauch verweist er, vor allem im Plural, auf die technischen Mittel, die zur Kommunikation genutzt werden.

a Als dritte Medienrevolution in diesem Bereich darf die Entwicklung zu elektronischen Medien gelten.

b Denn dort hatte es bereits viel früher, schon im 8. Jahrhundert, gedruckte Werke gegeben.

c Dies war die zweite umwälzende Neuerung nach dem ersten revolutionären Schritt von der mündlichen Kommunikation zur Verschriftlichung.

d Gemeinsames Merkmal dieser Kommunikationsmittel blieb die handschriftliche Form.

e Griechen und Römer übernahmen zunächst von den Ägyptern diese Form der Schriftrolle.

f Heute scheint dies angesichts der Fülle an zugänglichen Informationen kaum vorstellbar.

g Im September 1605 erschien in Straßburg die erste Ausgabe der *Relation*.

h Im Zusammenwirken ergab sich daraus ein äußerst effizientes Produktionsverfahren.

Bei dieser Aufgabe sollen Sie feststellen, auf welchen von fünf Abschnitten des Textes sich sechs verschiedene Aussagen jeweils beziehen. Während zu jeder Aussage nur ein Textabschnitt passt, können manchen Abschnitten auch mehrere Aussagen zugeordnet werden. Die Aussagen geben die Absichten oder die Intentionen der Autorin /des Autors wieder.
Um diese Aufgabe erfolgreich zu lösen, müssen Sie verstehen, welche Ziele die Autorin /der Autor gegenüber der Leserin /dem Leser verfolgt. Diese können Sie anhand von Wörtern und Ausdrücken erkennen, die explizit auf Meinungen, Wertungen, Bedauern, Warnungen etc. hinweisen. Aber auch eher implizite sprachliche Merkmale, wie z.B. der Gebrauch von Konjunktiv II oder Futur I bzw. II, lassen auf die Intention der Autorin /des Autors schließen.

Vorgehensweise: Lesen Sie den Text abschnittsweise und überlegen Sie nach jedem Abschnitt, welche Ziele die Autorin /der Autor hier verfolgt, und welche der Aussagen am besten passt. Versuchen Sie schnell herauszufinden, wo sich die jeweils gesuchten Informationen im Text befinden und was die Autorin /der Autor damit bewirken möchte.

Textlänge: 650–850 Wörter

Bewertung: 2 Punkte pro richtig zugeordneter Aussage, insgesamt: 12 Punkte

Zeit: ca. 15 Minuten

1 Die Aufgabe kennenlernen

a Sie lesen einen Text über die ehemalige Bundeshauptstadt Bonn und die heutige Hauptstadt Berlin. Im Text finden Sie folgenden Abschnitt. Lesen Sie den Abschnitt, die Antwortmöglichkeiten und die Lösung.

Beispiel:

Nach dem Mauerfall und der Wiedervereinigung haben sich viele Politiker dafür ausgesprochen, Berlin anstelle von Bonn wieder zum Regierungssitz und zur Hauptstadt der Bundesrepublik Deutschland zu erklären. Bonn hatte die Funktion der Hauptstadt aufgrund der Teilung Deutschlands schließlich nur provisorisch übernommen. Gleichwohl mussten sich die Bundesbürger und alle Parlamentsabgeordneten als deren Vertreter auch darüber im Klaren sein, dass ein Umzug der Regierung nach Berlin mit massiven Belastungen der Staatskasse und damit des Steuerzahlers einhergehen würden. Außerdem sollte der Umzug die Situation der Stadt Bonn und ihrer Bewohnerinnen und Bewohner deutlich verändern. Für viele Angestellte der Regierung und deren Familien bedeutete dies einen Einschnitt hinsichtlich ihrer sozialen Bindungen, für die Region wirtschaftliche Einbußen und ebenso den Verlust von Arbeitsplätzen.

In diesem Abschnitt ...

1 ☐ liefert der Autor Definitionen.
2 ☐ polemisiert der Autor.
3 ☒ nennt der Autor Nachteile.
4 ☐ drückt der Autor seine persönliche Meinung aus.
5 ☐ stellt der Autor Vermutungen an.

b Überlegen Sie sich, warum das die richtige Lösung ist. Woran haben Sie das erkannt? Warum passen die anderen Antwortmöglichkeiten Ihrer Meinung nach nicht?

2 Kommunikative Absichten erkennen

a Schauen Sie sich die folgenden Sätze an. Die Kerninformation ist stets die gleiche, aber die Autorin behandelt sie sprachlich unterschiedlich. Ordnen Sie die Absichten der Autorin den einzelnen Sätzen zu. Es ist auch möglich, dass zwei Absichten zu einem Satz passen.

1 ☐ Der Minister verkündete am vergangenen Montag seinen sofortigen Rücktritt, nachdem er fast vier Jahre lang im Amt gewesen war.

2 ☐ Der Minister hat sich nun unglücklicherweise wenige Wochen vor dem Ablauf seiner regulären Amtszeit entschlossen, mit sofortiger Wirkung zurückzutreten.

3 ☐ Die am Montag überraschend bekannt gegebene Entscheidung des Ministers, sofort von seinem Amt zurückzutreten, mag nicht alle Bürger glücklich stimmen.

4 ☐ Der vergangenen Montag bekannt gegebene Rücktritt des Ministers nach einer fast vierjährigen Amtszeit beruht nicht zuletzt auf der steigenden Unzufriedenheit der Bürger mit dessen Amtsführung.

5 ☐ Nun hat der Minister, dessen Amtsführung in den vergangenen Monaten häufiger mit der Besonnenheit eines pubertierenden Jugendlichen vergleichbar war, nach knapp vier Jahren beschlossen, seinen Posten zu verlassen.

6 ☐ Schon im Vorfeld hatte es Mutmaßungen über einen möglichen Rücktritt des Ministers gegeben, welcher nach wachsender Kritik sowie einigen Unstimmigkeiten im Kabinett am Montag schließlich als beschlossen verkündet wurde.

7 ☐ Der Rücktritt des Ministers nach beinahe vier Jahren im Amt könnte für die Bürger auch positive Aspekte zur Folge haben.

8 ☐ Oppositionelle begrüßten die Entscheidung des Ministers, nach beinahe vier Jahren von seinem Amt zurückzutreten, da ein Schiff ohne Kapitän sicherlich besser fährt als ein Schiff mit einem bisweilen müden Kapitän.

Absichten der Autorin

a Hoffnung ausdrücken
b Ereignisse zusammenfassen
c informieren
d ironisieren
e bedauern
f Gründe nennen
g Vermutungen anstellen
h polemisieren

b Woran haben Sie die sprachlichen Absichten erkannt? Markieren Sie im Text und tragen Sie die sprachlichen Mittel in die unten stehende Tabelle ein.

Aussageabsicht	Sprachliche Mittel	Sprachliche Merkmale
Hoffnung ausdrücken	*hoffentlich*	positive Verweise auf die Zukunft, Folgen, Effekte
zusammenfassen		ordnende Adverbien
informieren		sachlicher Stil, keine emotionalen Ausdrücke

Aussageabsicht	Sprachliche Mittel	Sprachliche Merkmale
ironisieren		gesagt wird das Gegenteil von dem, was gemeint ist
bedauern		Adjektive /Adverbien, die sich nicht auf die Reaktionen anderer beziehen
Gründe nennen		kausale Verben
Vermutungen anstellen		Konjunktiv II, Modalverben in subjektiver Bedeutung
polemisieren		scharfer, manchmal beleidigender Ton; negative Vergleiche

c Sammeln Sie weitere sprachliche Mittel und Merkmale, mit denen diese kommunikativen Absichten verwirklicht werden können. Tragen Sie Ihre Ergebnisse in die Tabelle ein.

TIPP

Auch Adjektive geben häufig einen Hinweis auf die Intention eines Textes!

d Sammeln Sie Synonyme für wertende Adjektive (*gut = vorteilhaft, vielversprechend, ...; schlecht = problematisch, ungünstig, ...*).

e Schreiben Sie folgenden Beispielsatz neu und verwirklichen Sie dabei verschiedene sprachliche Absichten.

Im Jahr 1991 beschloss der Bundestag den Umzug der Regierung von Bonn nach Berlin.

Es war nicht weiter überraschend, dass der Bundestag im Jahr 1991 ...

3 Weitere kommunikative Absichten und ihre sprachliche Realisierung

a Kennen Sie weitere kommunikative Absichten, die in geschriebenen Texten erkennbar werden können? Schauen Sie sich dazu auch verschiedene Übungstests an. Sammeln Sie und erweitern Sie die Tabelle in Aufgabe 2.

Beispiel: warnen

1 Formulieren von negativen Folgen

Eine schnelle Erweiterung der EU durch mehrere Staaten mit geringer Wirtschaftskraft würde zu drastischen Konsequenzen für den EU-Haushalt führen.

2 Verben wie *drohen*

Finanzielle Krisen in einigen Mitgliedsstaaten drohen den EU-Haushalt langfristig stark zu belasten.

3 Adjektive wie *gefährlich*

Finanzielle Notsituationen einzelner Mitgliedsstaaten können gefährlich für die gesamte Europäische Union werden.

b Kreuzen Sie für die folgenden Abschnitte aus verschiedenen Texten die jeweilige kommunikative Absicht an.

1 Während der Sitz des Europäischen Parlaments Straßburg ist, tagen die meisten Ausschüsse in Brüssel. Diese Entwicklung geht schon auf die Gründung der Europäischen Union zurück, denn jedes der sechs Gründungsmitglieder der EU wollte eine Institution beherbergen und Frankreich und Belgien konnten sich in dieser Frage lange nicht einigen.

a ☐ Der Autor polemisiert.
b ☐ Der Autor möchte Mitgefühl wecken.
c ☐ Der Autor appelliert an seine Mitmenschen.
d ☐ Der Autor nennt Gründe.

2 Bei der Europäischen Union handelt es sich um den politischen Zusammenschluss zahlreicher Staaten in Europa. Die EU verfügt über ein eigenes Parlament sowie leitende und verwaltende Gremien. Die gemeinsame Währung heißt Euro.

a ☐ Der Autor nennt Vorteile der EU-Mitgliedschaft.
b ☐ Der Autor möchte überzeugen.
c ☐ Der Autor liefert eine Beschreibung.
d ☐ Der Autor bezieht Stellung.

3 Der Einheitswahn der EU-Kommission kennt offenbar keine Grenzen. Nachdem ernsthaft eine Richtlinie zur Länge und Form von Salatgurken herausgegeben wurde, fragen sich die Landwirte, was wohl als Nächstes kommt. Ein Durchschnittsgewicht für Wassermelonen? Die Anzahl der erlaubten Blätter für Kopfsalat? Oder vielleicht doch erst die korrekte Biegung einer Zucchini?

a ☐ Der Autor weist auf Nachteile der EU hin.
b ☐ Der Autor ironisiert.
c ☐ Der Autor stellt Vermutungen an.
d ☐ Der Autor polemisiert.

4 Die kommunikativen Absichten eines längeren Abschnitts bestimmen

a Lesen Sie nun längere Textabschnitte und bestimmen Sie jeweils die Schreibabsicht des Autors. Es kann auch vorkommen, dass in einem Abschnitt mehrere Absichten enthalten sind.

1 Eine Demokratie lebt von der Mitgestaltung des politischen Geschehens durch ihre Bürgerinnen und Bürger, sagt man. Doch gerade bei den Wahlen zeichnet sich immer wieder ab, dass viele Wahlberechtigte offenbar kein Interesse an ihrem Wahlrecht haben. Das ist insofern gefährlich, als die politischen Vertreter infolgedessen nicht unbedingt die Meinung der Gesamtbevölkerung vertreten. Es sollte für die Bürgerinnen und Bürger eines demokratischen Staates selbstverständlich sein, am Wahltag ihre Stimme abzugeben. Nur so kann eine Regierung gebildet werden, die wirklich die Interessen ihrer Wählerinnen und Wähler vertritt. Schätzen wir diese Möglichkeit und tragen wir so zu unserer Zukunft bei.

a ☐ Der Autor appelliert an die Wahlberechtigten.
b ☐ Der Autor erläutert das Wahlsystem.
c ☐ Der Autor nennt Gründe für geringe Wahlbeteiligung.
d ☐ Der Autor ironisiert.

2 Schaffen wir das Fach Geschichte in den Schulen doch einfach ab und machen wir so Platz für wichtige Themen der Schulbildung. Ist es nicht wichtiger, dass unsere Kinder und Jugendlichen lernen, wie man Computer benutzt, E-Mails in drei verschiedenen Sprachen schreibt und die zweite Ableitung einer Funktion bildet? Wen interessiert es heute noch, wie Europa unter der Pax Romana ausgesehen hat oder wie es zum Zweiten Weltkrieg kommen konnte? Schauen wir nach vorn, nicht zurück. Diese einseitige Orientierung am Fortschritt und an praktischen Fähigkeiten ist durchaus modern, doch könnte sie Gefahren bergen. Wenn der Blick für Zusammenhänge und politische Entwicklungen verloren geht, wird irgendwann auch die Technik nicht mehr helfen.

a ☐ Der Autor argumentiert gegen Geschichtsunterricht.
b ☐ Der Autor spricht eine Warnung aus.
c ☐ Der Autor kritisiert den Fortschritt.
d ☐ Der Autor ironisiert.

3 Jede/r Wahlberechtigte in Deutschland kann zwei Stimmen abgeben. Mit der ersten Stimme wird eine Kandidatin /ein Kandidat gewählt, die /der in den Bundestag (das deutsche Parlament) einziehen soll. Die zweite Stimme ist für eine Partei gedacht. Direktkandidatinnen / Direktkandidaten brauchen nicht der gleichen Partei anzugehören, die man mit der ersten Stimme wählt, sie vertreten den Wahlkreis der jeweiligen Wählerinnen / Wähler. So setzt sich das Parlament aus einigen Direktkandidatinnen / Direktkandidaten und Angehörigen der Mehrheitsparteien zusammen. Die Zweitstimme ist statistisch gesehen die kritische Stimme, weil sie über die Mehrheitsverteilung entscheidet.

a ☐ Der Autor stellt eine Behauptung auf.

b ☐ Der Autor erläutert das Wahlsystem.

c ☐ Der Autor kritisiert das Wahlsystem.

d ☐ Der Autor nennt Nachteile des Wahlsystems.

b Überprüfen Sie abschließend Ihre Antworten und markieren Sie die sprachlichen Mittel, mit denen der Autor seine Absicht im Text verdeutlicht.

Wichtige Tipps zum Leseverstehen, Teil 2

Lesen Sie immer den ganzen Abschnitt und versuchen Sie, dem Gedankengang der Autorin /des Autors zu folgen. Entscheiden Sie nicht zu früh und machen Sie Ihre Entscheidung nicht von einem einzelnen Satz oder ähnlich klingenden Wörtern abhängig.

Wenn Sie einem Abschnitt nicht gleich eine Aussage zuordnen können, gehen Sie zum nächsten Abschnitt über. Zum Schluss können Sie nochmal auf die ungelösten Aufgabenteile zurückkommen.

Bedenken Sie, dass die Aussagen der Autorin /des Autors nicht immer wörtlich zu verstehen sind.

Achten Sie auch auf grammatische Formen in den Sätzen: Ist der Satz im Konjunktiv II geschrieben? Kommen Imperative vor? Bezieht sich ein Abschnitt auf die Vergangenheit oder wird Präsens / Futur verwendet?

Überlegen Sie sich, wie Sie selbst Warnungen, Vermutungen, Ironie etc. formulieren würden, ohne die Ich-Form zu verwenden.

Lesen Sie regelmäßig Kommentare in Zeitungen und fassen Sie die Meinung der Autorin /des Autors zusammen. Überlegen Sie, wo im Text Sie Hinweise auf die Schreibabsichten gefunden haben.

5 Prüfungsaufgabe: Leseverstehen, Teil 2

Lesen Sie den folgenden Text. In welchem Textabsatz a–e finden Sie die Antworten auf die Fragen 1–6? Jeder Absatz kann Antworten auf mehrere Fragen enthalten.

Beispiel:

In welchem Abschnitt ...
0 [b] möchte die Autorin historische Fakten liefern?

In welchem Abschnitt ...

1 ☐ amüsiert sich die Autorin?

2 ☐ äußert die Autorin Vermutungen?

3 ☐ möchte die Autorin Befürchtungen ausräumen?

4 ☐ möchte die Autorin ihrem Erstaunen Ausdruck verleihen?

5 ☐ möchte die Autorin zum Umdenken bewegen?

6 ☐ spricht die Autorin Mahnungen aus?

Von der Faszination des Adels

a

Das Interesse an Ereignissen aus der Welt des Adels hält sich offenbar ungebrochen über Generationen hinweg: Übertragungen von Adelshochzeiten erreichen auch in unserer Zeit weltweit Einschaltquoten in Millionenhöhe. Die verblüffende Faszination, die vom Adelsstand ausgeht, spiegelt sich auch in dem beträchtlichen Marktanteil, den die Regenbogenpresse erreicht. Allein in Deutschland werden Woche für Woche mehrere Millionen von Zeitschriften verkauft, die sich vornehmlich mit allerlei hochadeligen Ereignissen und realen oder fiktiven Skandälchen beschäftigen. Oft genug wird das Interesse an solchen Vorgängen verschämt abgetan: Man blättere höchstens in irgendeinem Wartezimmer in den bunten Klatschblättern, und zu Live-Übertragungen von Ereignissen aus dem Hochadel gerate man vielleicht einmal beim Zappen. Auch wenn es niemand so recht zugeben möchte und es tatsächlich zu Verwunderung Anlass gibt: Die Faszination des Adels ist durch Quoten und Verkaufszahlen hinlänglich belegt.

b

Dabei kommt dem Adel hierzulande schon lange keine politische Rolle mehr zu. Als am 14. August 1919 die Weimarer Reichsverfassung in Kraft trat, wurden sämtliche Vorrechte des Adelsstandes abgeschafft. In Artikel 109 dieser Reichsverfassung wird betont, dass alle Deutschen vor dem Gesetz gleich seien. Zum Adel heißt es dort: „Öffentlich-rechtliche Vorrechte oder Nachteile der Geburt oder des Standes sind aufzuheben. Adelsbezeichnungen gelten nur als Teil des Namens und dürfen nicht mehr verliehen werden." Mit dem sogenannten Adelsgesetz, das die verfassungsgebende preußische Landesversammlung am 23. Juni 1920 verabschiedete, wurde der Adel rechtlich abgeschafft. Ihre ererbten Vermögen durften die Adelsfamilien allerdings behalten. In Österreich hatte bereits das Staatsgrundgesetz vom 21. Dezember 1867 die Gleichheit aller Staatsbürger festgelegt und jede Art von „Unterthänigkeits- und Hörigkeitsverband ... für immer aufgehoben". Adelstitel waren beibehalten worden. Sie hatten jedoch kaum etwas von ihrem Ansehen eingebüßt. Denn in der zweiten Hälfte des 19. Jahrhunderts wurden Wirtschaftstreibende, Angehörige des Militärs, Beamte und Künstler zum Zeichen der Anerkennung besonderer Verdienste in den Adelsstand erhoben. Solcherart Geadelte gehörten zur sogenannten „Zweiten Gesellschaft", also weder zum Hoch- oder Uradel noch zum „gewöhnlichen Volk". Endgültig aufgehoben wurde der Adel in Österreich mit dem Adelsaufhebungsgesetz vom 3. April 1919. Dieses verfügte nun nicht nur die Abschaffung des Adels und seiner Privilegien, sondern stellte auch sämtliche Adelsbezeichnungen und Titel unter Strafe.

c

„Adel verpflichtet", so lautet ein geflügeltes Wort. Ja, wozu eigentlich? Zu tätiger Sorge um Untertanen, zu kriegerischem Mut, zu moralischer Vorbildlichkeit, zu guten Manieren, zu Mäzenatentum und Wohltätigkeit? Einige dieser Verpflichtungen sind wohl mit dem Verlust der politischen Bedeutung des Adels verloren gegangen. Dennoch scheint dieser Ausdruck für die Vorstellung einer elitären Gesellschaftsschicht, die aufgrund ihrer höheren Stellung zu besonderen Verhaltensweisen angehalten wäre, auch heute noch zu gelten. „Verantwortung" ist ein Wort, auf das man in diesem Zusammenhang häufig trifft. Verantwortung für den Adelsstand an sich, für die eigene Adelsfamilie und schließlich für jahrhundertealte Traditionen und Werte – ohne dass diese im Detail erläutert würden. Wie man den Äußerungen prominenter Adeliger in den Medien entnehmen darf, dürfte eine solche Haltung dem Selbstverständnis zumindest eines Teils des Adels entsprechen. Verantwortungsbewusstsein ist offenbar eine Qualität, die dem Adel auch seitens der Öffentlichkeit zugeschrieben wird. Anscheinend ist es etwa in der Wirtschaft auf der Managementebene von Vorteil, wenn man zu seinen Fähigkeiten und Qualifikationen noch einen klingenden Adelstitel anbieten kann. Dies gilt offensichtlich ebenso für Akteure des politischen Lebens, denen viele Menschen einen gewissen Vorschuss an Vertrauen entgegenzubringen scheinen.

d

Aus konkreten politischen Überlegungen lässt sich ein solcher Vertrauensvorschuss nicht erklären. Hat die Faszination, die vom Adel auch heute noch ausgeht, tatsächlich eine nennenswerte politische Relevanz? Sind die Grundpfeiler unserer Demokratie gefährdet? Meiner Meinung nach sind diese Fragen mit einem eindeutigen Nein zu beantworten. Monarchistische Bestrebungen sind in unseren europäischen Demokratien eine Randerscheinung. Darüber hinaus bin ich der Ansicht, dass begeistertes Interesse für den Adelsstand vom politischen Standpunkt aus nicht als antidemokratisch zu beurteilen ist – zumindest derzeit nicht. Vielmehr ist darin der Ausdruck bestimmter Sehnsüchte zu sehen. Zum einen ist da das Verlangen nach ein bisschen Glanz in einer nüchternen politischen Landschaft, die Sehnsucht nach strahlenden und gleichzeitig vertrauenswürdigen Figuren. Zum anderen bieten die Hochglanzbilder eleganter Menschen auch eine Möglichkeit, dem eigenen grauen Alltag zu entkommen. Die Faszination, die der Adel ausübt, bewegt sich auf emotionaler Ebene, fern von konkreten politischen Bestrebungen.

e

Dennoch ist vor allzu viel distanzloser Begeisterung für eine idealisierte Welt zu warnen. Dies nicht aus Angst vor antidemokratischen Bewegungen, selbst wenn so mancher eine mögliche politische Aufladung des Phänomens nicht gänzlich von der Hand weisen möchte. Nein, aus ganz individuellen Gründen ist von der Flucht in mediale Traumwelten abzuraten. Vielmehr ist eine bewusste Auseinandersetzung mit dem eigenen Dasein einzufordern. Hier haben die Medien ihren Beitrag zu leisten, denn häufig sind sie es, die das Bild einer abgehobenen, „besseren" Welt prägen, die mit der Wirklichkeit ihrer Leserschaft oder ihres Publikums nicht viel zu tun hat. Zum Vorteil aller Beteiligten, auch des Adels selbst, würde man sich eine differenziertere, emotionsärmere Berichterstattung über Adelige in unserer Zeit wünschen.

Bei Leseverstehen, Teil 3 sollen Sie zeigen, dass Sie einzelne Informationen innerhalb eines Textes ganz genau verstehen. Sie erhalten einen Text und dazu elf Aussagen. Sie sollen entscheiden, ob die jeweilige Aussage inhaltlich mit dem Text übereinstimmt (richtig /+), ihm widerspricht (falsch /–) oder ob der Text keine Information zum Inhalt der Aussage enthält (nicht im Text enthalten /x).

Bei der Lösung dieser Aufgabe ist es wichtig, selbst auf feine Bedeutungsnuancen im Text und der jeweiligen Aussage zu achten. Entscheiden Sie nicht nach eigenen Kenntnissen oder Schlussfolgerungen über das Thema. Es zählt nur, was wirklich im Text steht, und nicht, was man daraus ableiten könnte oder was Sie selbst über das Thema wissen. Die Aussagen sind in derselben Reihenfolge angeordnet, in der die lösungsrelevanten Stellen im Text vorkommen.

Darüber hinaus sollen Sie aus drei möglichen Überschriften diejenige auswählen, die am ehesten das Thema oder den Kern des Textes zusammenfasst.
Bei dieser Aufgabe steht das Globalverstehen im Vordergrund.

Vorgehensweise: Lesen Sie den Text genau. Stellen, auf die sich eine der Aussagen aus der Aufgabe bezieht, sollten Sie bis ins Detail verstehen.

Textlänge: 1000–1200 Wörter

Zeit: ca. 30 Minuten

Bewertung: 2 Punkte für jede richtige Auswahl, insgesamt: 24 Punkte

1 Die Aufgabe kennenlernen

a Lesen Sie den folgenden Textauszug zum Thema „Konsumverhalten in Deutschland" und schauen Sie sich die folgenden drei Aussagen an. Welche stimmt mit dem Text überein (+), welche widerspricht ihm (–) und welche enthält Informationen, die im Text nicht vorhanden sind (x)? Markieren Sie.

Beispiel:

Immer mehr deutsche Verbraucher greifen seit einigen Jahren auf die Finanzierungsangebote für teurere Konsumgüter wie z. B. Möbel, Elektrogeräte oder Autos zurück. Gegenwärtig befinden sich in ca. 42 % der deutschen Haushalte Gegenstände, die noch nicht vollständig bezahlt sind. Experten führen diese gestiegene Offenheit gegenüber Ratenkäufen vor allem auf günstige Zinskonditionen und sichere Lebensumstände wie ein regelmäßiges Einkommen sowie einen festen Arbeitsplatz zurück.

1 ☐ Die Deutschen konsumieren seit einiger Zeit stärker auf Kredit, weil ihre finanzielle Situation relativ stabil ist und niedrige Zinssätze locken.

2 ☐ Da die wirtschaftliche Situation in Deutschland sehr stabil ist, sind die Käufer gegenwärtig eher bereit, Kredite für Konsumgüter aufzunehmen.

3 ☐ Eine sichere finanzielle Situation der Deutschen ist als Ursache für ein erhöhtes Interesse an Finanzierungskäufen auszuschließen.

b Lesen Sie nun die Lösungen und Erläuterungen zu Aufgabe 1a und vergleichen Sie sie mit Ihren eigenen Antworten.

1 Richtige Antwort: +

Eine *relativ stabile finanzielle Situation* bezieht sich auf *sichere Lebensumstände wie ein regelmäßiges Einkommen sowie einen festen Arbeitsplatz. Niedrige Zinssätze* sind ein Synonym für *günstige Zinskonditionen*.

2 Richtige Antwort: x

Die wirtschaftliche Situation in Deutschland wird im Text nicht angesprochen. Der Text sagt nur, dass sich viele Deutsche in einer sicheren finanziellen Situation befinden. Das muss nicht bedeuten, dass Deutschland als Staat eine stabile Wirtschaft besitzt.

3 Richtige Antwort: –

Das Verb *ausschließen* bedeutet, dass etwas nicht im Bereich des Möglichen liegt. Es ist nach Aussage 3 also unmöglich, dass die finanzielle Situation der Deutschen ein Grund /eine Ursache für Kreditkäufe ist. Im Text steht genau das Gegenteil.

2 Die Logik von Aussagen erkennen und abgrenzen

Wenn wir zwei Aussagen miteinander vergleichen, kommen wir normalerweise zu einem dieser drei möglichen Ergebnisse:

a Die Aussagen stimmen überein. (+)

b Die Aussagen stimmen nicht überein bzw. widersprechen einander. (–)

c Die Aussagen haben keine logische Beziehung. (x)

a Schauen Sie sich den folgenden Satz an und vergleichen Sie ihn mit den Aussagen unten. Kreuzen Sie an, was zutrifft.

Mein Kollege fährt ein riesiges Auto.

		+	–	x
1	Das Auto meines Kollegen ist wirklich winzig.	☐	☐	☐
2	Mein Kollege besitzt ein schickes rotes Auto.	☐	☐	☐
3	In das Auto meines Kollegen passen gerade einmal zwei Personen.	☐	☐	☐
4	Das Auto meines Kollegen ist sehr groß.	☐	☐	☐
5	Es macht Spaß, mit dem großen Auto meines Kollegen zu fahren.	☐	☐	☐
6	Mein Kollege hatte früher ein riesiges Auto.	☐	☐	☐
7	Mit dem Auto meines Kollegen kann man so einiges transportieren.	☐	☐	☐
8	Das Auto meines Kollegen passt in jede Parklücke.	☐	☐	☐

TIPP

Schauen Sie sich die Inhalte der Aussagen genau an!
In der ersten Aussage hat das Auto die Eigenschaft *groß* und gehört zum aktuellen Zeitpunkt *meinem Kollegen*. Um damit übereinzustimmen, muss die zweite Aussage also ebenfalls die Information enthalten, dass das Auto groß ist und meinem Kollegen gehört. Um nicht übereinzustimmen, muss die zweite Aussage eine andere Information über die Größe oder die Besitzverhältnisse zum aktuellen Zeitpunkt enthalten. Informationen zu anderen Eigenschaften des Autos sind nicht enthalten.

b Vergleichen Sie Ihre Antworten mit den Lösungen und überlegen Sie, welche sprachlichen Hinweise auf die Lösung Sie in den Sätzen finden.

3 Sprachlich anspruchsvolle Aussagen vergleichen

a Vergleichen Sie auch die folgende Aussage mit den Aussagen unten und kreuzen Sie an, was zutrifft.

> Angesichts der Turbulenzen auf den Finanzmärkten wird es mit Sicherheit bei einigen Wertpapieren zu Kursverlusten kommen.

		+	–	x
1	Wertminderungen bei manchen Aktien werden sich wegen der Schwankungen auf den Finanzmärkten nicht vermeiden lassen.	☐	☐	☐
2	Trotz der Turbulenzen auf den Finanzmärkten sind bei einigen Wertpapieren Wertsteigerungen vorstellbar.	☐	☐	☐
3	Einige Aktien werden aufgrund der Turbulenzen im Finanzbereich an Wert verlieren.	☐	☐	☐
4	Die Turbulenzen auf den Finanzmärkten werden allenfalls geringfügige Auswirkungen auf die Aktienkurse haben.	☐	☐	☐
5	Kursschwankungen auf den Finanzmärkten werden sich negativ auf bestimmte Aktienkurse auswirken.	☐	☐	☐
6	Es wird aufgrund der Turbulenzen auf den Finanzmärkten möglich sein, die eine oder andere Aktie künftig günstiger zu erwerben.	☐	☐	☐
7	Aktieninhaber sollten ihre Anteile aufgrund der Kursschwankungen auf den Finanzmärkten möglichst schnell verkaufen.	☐	☐	☐
8	Aktien werden wegen der Turbulenzen auf den Finanzmärkten teurer.	☐	☐	☐
9	Die Turbulenzen auf den Finanzmärkten werden sicherlich auch zu Verlusten bei den Aktienkursen führen, jedoch wird nicht jedes Wertpapier davon betroffen sein.	☐	☐	☐
10	Manche Aktienkurse werden infolge der turbulenten Situation auf den Finanzmärkten nachgeben.	☐	☐	☐
11	Alle Aktienkurse werden dem schwankenden Trend auf den Finanzmärkten folgen.	☐	☐	☐
12	Einige Aktienkurse sind aufgrund der Turbulenzen an den Finanzmärkten deutlich gefallen.	☐	☐	☐
13	Aktuell herrschen schlechte Zeiten für Anleger und Investoren.	☐	☐	☐

b Notieren Sie sich zu den wichtigsten Begriffen aus Aufgabe 3a Synonyme und Antonyme.

Beispiel:
Turbulenzen = Schwankungen

4 Ausdrücke innerhalb der gleichen Kategorie unterscheiden

a Quantitative Ausdrücke bestimmen: Ordnen Sie den folgenden quantitativen Ausdrücken das jeweilige Synonym zu.

Beispiel:

Ein Großteil der deutschen Angestellten beklagt eine steigende Belastung am Arbeitsplatz.

Die Mehrheit der Beschäftigten in Deutschland beklagt eine steigende Belastung am Arbeitsplatz.

1 eine Menge	a alle
2 ein geringer Anteil	b kaum jemand
3 manche	c einige wenige Bürgerinnen/Bürger
4 der ein oder andere	d wenig/e
5 eine Minderheit der Bevölkerung	e viel/e
6 keine/r	f fast alle
7 die meisten	g ein paar
8 jede/r/s	h niemand

b Wörter und Zahlen vergleichen: Drücken Sie die folgenden Angaben in Prozent in Wörtern aus.

Beispiel:

30 % der Deutschen gaben an, dass sie den Empfehlungen ihrer Bank vertrauen.

Ein knappes Drittel der Deutschen gab an, dass sie den Empfehlungen ihrer Bank vertrauen.

50 % ……

67 % ……

75 % ……

100 % ……

25 % ……

c Positive und negative Entwicklungen verstehen: Notieren Sie hinter den folgenden Wörtern ein + (bezeichnet eine positive Entwicklung) oder ein – (bezeichnet eine negative Entwicklung).

Beispiel:

Die Anzahl der Deutschen, die eine Immobilie kaufen wollen, hat sich erhöht. +

Die Anzahl der Deutschen, die in Mietwohnungen leben, hat abgenommen. –

1	der Abwärtstrend	15	sinken
2	die Steigerung	16	nachgeben
3	der Anstieg	17	zurückgehen
4	das Wachstum	18	schrumpfen
5	das Nachlassen	19	(sich) erhöhen
6	der Rückgang	20	wachsen
7	der Zuwachs	21	verringern
8	die Abnahme	22	(an)steigen
9	der Aufwärtstrend	23	zunehmen
10	die Erhöhung	24	verlieren
11	die Zunahme	25	zulegen
12	der Verlust	26	fallen
13	der Gewinn	27	gewinnen
14	der Fall	28	abnehmen

d Ausdrücke der Häufigkeit: Ordnen Sie folgende Ausdrücke bezüglich ihrer Häufigkeit.

nie(mals) • manchmal • ab und zu • immer • regelmäßig • häufig • gelegentlich • stets • selten • oft • hin und wieder

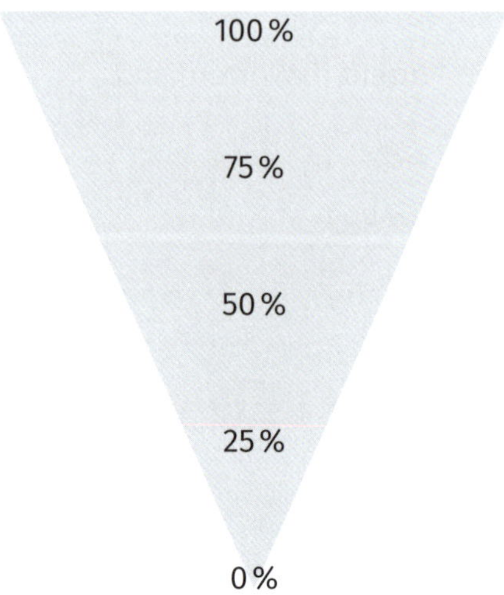

immer

e Direkte und indirekte Negationen: Formulieren Sie die folgenden Sätze um, indem Sie *nicht* oder *kein* verwenden.

Beispiel:

Das Meeting wurde kurzfristig abgesagt.

Das Meeting findet nun doch nicht statt.

TIPP

Sie kennen sicherlich Negationen mit *nicht* oder *kein*. Manchmal ist allerdings die Bedeutung einer Aussage negativ, ohne dass diese Wörter zum Einsatz kommen.

1 Stress kann vermieden werden, indem man sich besser organisiert.

2 Niedrige Zinsen beeinträchtigen das Sparverhalten.

3 Experten schließen eine baldige Konjunktursteigerung aus.

4 Die Firma hat das Kreditangebot der Bank abgelehnt.

5 Ein Arbeitgeber sollte darauf verzichten, dass die Mitarbeiter permanent erreichbar sind.

f Doppelt negative Aussagen: Klären Sie die Bedeutung folgender Aussagen und formulieren Sie sie positiv.

1 Die positive Entwicklung des Investmentfonds ist für Anleger sicher nicht uninteressant.

2 Bei Geschäften mit hohen Renditechancen ist ein Verlustrisiko nicht zu vermeiden.

3 Das Auftreten von Stresssymptomen lässt sich zeitweise nicht verhindern.

5 Die Hauptaussage des Textes erkennen

a Lesen Sie den Anfang eines Zeitungsartikels und fassen Sie die wichtigsten Informationen kurz zusammen.

Die teure Kaffeemaschine ist weg, die Deckenlampen sind schon verkauft. „Es hätte funktionieren können“, sagt Heike Szelinski, 47. Die Firmengründerin mit den großen grünen Augen sitzt auf einem Stuhl zwischen offenen Umzugskartons. Es sind die Trümmer ihres Geschäfts. Dabei waren doch anfangs alle von ihrem Konzept überzeugt, sagt sie, von der Idee, in Reutlingen ein Café mit Kinderbetreuung anzubieten, damit die Kleinen versorgt sind, während die Großen in den umliegenden Geschäften einkaufen. Eine Win-win-Situation für die Eltern, die Händler, für Szelinski selbst. Die nötige Erfahrung mit Kindern brachte sie ohnehin mit, weil sie mit ihrer Firma *Spaß und Co.* bereits seit zehn Jahren an Wochenenden Kinder betreut. „Das war noch gut kalkulierbar.“ Vielleicht hätte sie eine richtige Marktanalyse machen sollen, um dann zu merken, dass die Reutlinger Mütter ihre Kinder bei den Omas lassen und ihren Kaffee lieber zu Hause trinken. Vielleicht wäre ein anderer Name besser angekommen, weil viele das *Kathrinchen* bis heute mit einer ehemaligen Kneipe verbinden, vor der sich hin und wieder Betrunkene prügelten. Vielleicht hätte sie beides beachtet, und es hätte trotzdem nichts geändert: weil jede Gründung ein Wagnis bleibt.

....

....

....

....

....

....

....

b Vergleichen Sie die folgenden drei möglichen Überschriften für den Text mit Ihrer Zusammenfassung. Passt eine der Überschriften besser dazu? Warum?

1 ☐ Besser eine Marktanalyse durchführen

2 ☐ Heike Szelinski betreut Kinder

3 ☐ Keine Gründung ohne Risiko

Wichtige Tipps zum Leseverstehen, Teil 3

Lesen Sie immer zuerst eine Aussage und suchen Sie dann die entsprechende Stelle im Text zu diesem Thema. Da die Reihenfolge der Aussagen dem Textaufbau folgt, können Sie alle Aussagen nach und nach bearbeiten, ohne allzu sehr im Text springen zu müssen. Wenn Sie für eine Aussage die Antwort gefunden haben, lesen Sie die nächste Aussage, schauen dann wieder in den Text etc.

Wenn Sie einzelne Wörter nicht kennen, ist das kein Problem. Oft hilft Ihnen der Zusammenhang.

Treffen Sie Ihre Entscheidungen nur anhand des Textes; eigenes Wissen zum Thema ist an dieser Stelle nicht gefragt!

Üben Sie, Sätze umzuformulieren und mit eigenen Worten wiederzugeben. Dies wird Ihnen dabei helfen, gleichbedeutende Aussagen schnell zu erkennen.

Die Überschrift des Textes können Sie am besten auswählen, wenn Sie den Text entweder zuvor kurz überfliegen oder wenn Sie nach der Bearbeitung der ersten elf Aufgaben wissen, worum es im Text geht. Treffen Sie Ihre Entscheidung anhand der Überschrift in ihrer gesamten Bedeutung. Es kann irreführend sein, wenn Sie nur auf einzelne Wörter achten.

6 Prüfungsaufgabe: Leseverstehen, Teil 3

Lesen Sie den folgenden Text und die Aussagen 1–11. Welche der Aussagen sind richtig (+), falsch (–) oder gar nicht im Text enthalten (x)? Es gibt jeweils nur eine richtige Lösung.

Im Jahre 1367 zog der aus dem kleinen Ort Graben stammende Weber Hans Fugger ins nahe Augsburg, das damals eine der blühendsten Wirtschaftsmetropolen in Deutschland war. Fugger gründete ein kleines Gewerbe, aus dem im Laufe der Zeit eines der führenden Unternehmen seiner Zeit wurde. Vor allem unter den „Regierern" Jakob Fugger dem Reichen, der von 1569 bis 1525 in Augsburg lebte, und seinem Neffen Anton Fugger, 1493 bis 1560, waren die Fugger berühmt für die bedeutende Rolle, die sie im mitteleuropäischen Bergbau sowie in internationalen Finanzgeschäften spielten.

Die Fugger galten als die wichtigsten Bankiers der österreichisch-spanischen Habsburger, des damals mächtigsten Herrscherhauses der Welt. Als Karl V. im Jahre 1519 zum deutschen König und Kaiser des Heiligen Römischen Reiches wurde, waren es nicht zuletzt Bestechungsgelder der Fugger, die seine Wahl ermöglichten. Jahrzehnte später vernichtete der Staatsbankrott der spanischen Habsburger viele zeitgenössische Bankhäuser. Auch die Fugger wurden schwer getroffen. Doch ihr Unternehmen überlebte die Krise.

Als ihre Firma im frühen 17. Jahrhundert vor allem wegen starker Spannungen innerhalb der Familie doch geschlossen wurde, hatten die Fugger ihr Vermögen zum größten Teil längst für Jahrhunderte gesichert, indem sie in großem Umfang Grund und Boden gekauft hatten. Für das Jahr 1618 ist der Besitz von rund 100 Dörfern und Grundbesitz in der Größe von 230 bis 250 Quadratkilometern dokumentiert, der überdies so sachkundig bewirtschaftet wurde, dass er eine Grundrente von fünf bis sechs Prozent im Jahr einbrachte.

Die Fugger waren nicht die einzige Familie ihrer Zeit, der ein Aufbau eines bedeutenden Unternehmens gelang. Ihre Geschichte steht für die Dynamik einer Epoche, die der deutsche Ökonom und Soziologe Werner Sombart (1863 bis 1941) als „Frühkapitalismus" bezeichnet hat. Sie war gekennzeichnet durch ein kräftiges Wachstum der Bankgeschäfte und des Fernhandels, der nicht zuletzt durch die Entdeckung Amerikas an Bedeutung gewann. Wer ein großes Wort gelassen aussprechen will, mag für die damalige Epoche den Begriff „erste Globalisierung" verwenden. Die Herstellung von Gütern blieb aber noch meist auf recht einfache Produkte beschränkt, da der die industrielle Revolution befördernde mächtige Fortschritt erst zwei Jahrhunderte später einsetzte. Güter wurden damals bestenfalls in Manufakturen gefertigt, aber noch nicht in Fabriken.

Immerhin wurde aber zu den Zeiten der Fugger in Mitteleuropa die Förderung von Metallen kräftig vorangetrieben, vor allem von Silber und Kupfer. In der Politik gewannen die reichen Patrizierfamilien in den Städten an Einfluss. Diese Einflussnahme ging zu Lasten des Landadels. Im Grunde genommen führten die Fugger einen Mischkonzern, der Produktion, Handel und Finanz miteinander verband und damit politisches Gewicht besaß.

Nach Sombarts heute weitgehend vergessener Vorstellung war der Kapitalismus vor allem durch den Unternehmer, dessen „Entstehung" der Gelehrte etwa zur Zeit der Blüte der Fugger veranschlagte, gekennzeichnet. Der Unternehmer war nach Sombart eine Person, in der sich die Abenteuerlust und Tatkraft von Rittern und Eroberern mit der kühlen Rechenfähigkeit nüchterner Buchhalter verband. Und wer würde diesem Bild besser entsprechen als Jakob Fugger, den man zu Lebzeiten „den Reichen" nannte? Fugger war ein wagemutiger Unternehmer, der sich in immer neue Projekte stürzte, die zum Teil mit nennenswerten Risiken behaftet waren. Er nahm Geld ein und lieh es aus, er förderte Silber und Kupfer in Tirol, Böhmen und Ungarn, er betrieb Handel in nahezu ganz Europa, prägte Münzen für die Kurie und beteiligte sich an der Finanzierung des spanischen Handels mit Indien.
Und damit ist nur ein Teil seiner Geschäfte beschrieben. Gleichzeitig aber wird dieser Fugger auch als kühl kalkulierender Rechner, als Mann der Zahlen und des Details und als ein Mann mit asketischer Lebensweise beschrieben.

Neben der Persönlichkeit des Unternehmers bildete die wachsende Rolle des Geldes für Sombart ein weiteres Kennzeichen des Kapitalismus. Auch dies lässt sich anhand der Fugger beschreiben: Sie nahmen Einlagen von Familienmitgliedern, anderen vermögenden Kaufmannsfamilien, aber auch von Kirchenfürsten entgegen, die auf diese Weise ihren verborgenen Reichtum diskret anlegen konnten. Der größte Geldgeber der Fugger war der Fürstbischof und spätere Kardinal Melchior von Meckau.

Das Problem für die Bankiers der damaligen Zeit bestand darin, dass es aufgrund der noch sehr einfachen Produktionsweisen keine bedeutende und rentabel erscheinende private Investitionsnachfrage gab. Man konnte den Bau von Schiffen für den Fernhandel oder den Bau von Minen für die Förderung von Metallen finanzieren, aber damit waren die Investitionsmöglichkeiten auch schon weitgehend erschöpft.

So wurden die Fürstenhäuser – im modernen Sinne würde man sagen: der Staat – zum wichtigsten Kreditnachfrager, und Bankiers wie die Fugger verliehen die ihnen anvertrauten Gelder gern an den Staat. Nicht nur erschien ein großes Fürstenhaus als Schuldner solide im Vergleich zu einem abenteuerlustigen Kapitän, der in den Gewürzhandel zwischen Europa und Indien einsteigen wollte. Ein mächtiger Fürst als Geschäftspartner konnte einem Unternehmen wie den Fuggern auch viel Gutes tun. Er konnte ihnen Geschäfte auf seinem Territorium ermöglichen, wie zum Beispiel die Förderung von Metallen, die Prägung von Münzen oder die Eintreibung von Pachten. Ein mächtiger Fürst verhieß aber auch Protektion, die die reichen und in der Bevölkerung nicht sehr beliebten Patrizier gut gebrauchen konnten. So verhinderte Karl V. ein Verfahren in Deutschland gegen die Fugger wegen des Missbrauchs von Marktmacht in der Förderung von Metallen. Auf diese Weise waren Staat und Finanzwesen durch gemeinsame Interessen eng miteinander verflochten.

Wer hier Parallelen zur Gegenwart sucht, wird weiter fündig. Die Kreditnehmer der Fugger, allen voran die politisch mächtigen spanischen Habsburger, verwendeten das aufgenommene Geld aus ökonomischer Sicht auf eine nicht sehr angebrachte Art. Zu jenen Zeiten wurde es vor allem für Kriege und eine extrem aufwendige Hofhaltung ausgegeben. Genau diese Verschwendung machte das Geschäftsmodell der Finanziers ab Mitte des 16. Jahrhunderts angreifbar. Weitsichtige Unternehmer wie Anton Fugger, der Nachfolger Jakobs, oder der Fugger-Rivale Bartholomäus Welser, ebenfalls ein Augsburger Großkaufmann und Zeitgenosse Anton Fuggers, erkannten die wachsenden Gefahren und fuhren ihre Geschäfte zurück.

Die spanischen Habsburger erklärten in den Jahren 1557 und 1575 gleich zweimal den Staatsbankrott. Viele Banken brachen daraufhin innerhalb kurzer Zeit zusammen. Andere Häuser wie das der Welser überlebten noch ein paar Jahrzehnte, blieben aber schwer angeschlagen. Die Fugger waren zwar auch hart getroffen, schafften aber noch einmal einen vorübergehenden Neuanfang, dessen Bedeutung erst die jüngere Forschung erkannt hat. Insgesamt zeigte sich jedoch, dass in der Beziehung zwischen Staat und Finanzwirtschaft der Staat am längeren Hebel saß. Finanziers wie Jakob Fugger mochten 1519 die Wahl Karls V. gekauft haben. Jahrzehnte später zeigte sich aber im Moment des Staatsbankrotts, dass ein Staat meist trotzdem weitermachen kann. Häufig erholte sich die Wirtschaft rasch wieder davon. Viele Finanziers dagegen gingen unter.

Welche der Aussagen sind richtig (+), falsch (–) oder nicht im Text enthalten (x)?

		+	–	x
1	Jakob Fugger stammte aus einer der wichtigsten deutschen Handelsstädte.	☐	☐	☐
2	Die Fugger trugen dazu bei, dass Karl V. in Deutschland König wurde.	☐	☐	☐
3	Wegen Familienstreitigkeiten verloren die Fugger den größten Teil ihres Vermögens.	☐	☐	☐
4	Der Wissenschaftler Werner Sombart verwendete als Erster den Begriff „Globalisierung“.	☐	☐	☐
5	Der Bankier Jakob Fugger wagte auch risikoreiche Geschäfte.	☐	☐	☐
6	Trotz seines Reichtums lebte Jakob Fugger sehr bescheiden.	☐	☐	☐
7	Melchior von Meckau verdankte den Fuggern seine Wahl zum Kardinal.	☐	☐	☐
8	Zur Zeit der Fugger gab es viele Möglichkeiten, im privaten Bereich Geld anzulegen.	☐	☐	☐
9	Die Herrscher und die Geldgeber profitierten voneinander.	☐	☐	☐
10	Der Nachfolger von Jakob Fugger wollte den verschwenderischen Lebensstil der Habsburger nicht unterstützen.	☐	☐	☐
11	Für die Fugger bedeutete der Staatsbankrott der Habsburger das endgültige Ende.	☐	☐	☐

Welche der Überschriften a, b oder c passt am besten zum Text?

12 a ☐ Die Anfänge industrieller Produktion

b ☐ Die Geldgeber der europäischen Herrscher

c ☐ Die mächtigsten Herrscherfamilien des Mittelalters

In dieser Aufgabe lesen Sie einen Text, in dem 22 Lücken vorhanden sind. Zu jeder Lücke gibt es vier Antwortmöglichkeiten, aus denen Sie die jeweils richtige auswählen müssen. Die 22 Teilaufgaben beziehen sich auf die Bereiche „Wortschatz", „Grammatik" und „Rechtschreibung" – es geht also um Details in dieser Aufgabe. Bei einigen Teilaufgaben sollen Sie beispielsweise ein fehlendes Wort ergänzen. Als mögliche Antworten stehen vier ähnliche Wörter zur Verfügung, aus denen Sie das passende auswählen müssen. Die vier Antwortmöglichkeiten können auch das gleiche Wort in unterschiedlichen Schreibweisen umfassen, und Sie müssen die korrekte Schreibweise identifizieren.

Vorgehensweise: Überfliegen Sie zunächst den Text, um sich einen Überblick über den Inhalt zu verschaffen. Lesen Sie dann den Text in einem zweiten Schritt ganz genau. Achten Sie dabei vor allem auf die Satzstrukturen, denn in dieser Aufgabe sind Details sehr wichtig.

Textlänge: 320–350 Wörter

Bewertung: 1 Punkt für jede richtige Auswahl, insgesamt: 22 Punkte

Zeit: ca. 25 Minuten

1 Fehler erkennen und analysieren

a Die folgenden Sätze enthalten jeweils einen Fehler. Markieren Sie.

1 *In Deutschland kommt die Diskussion zum Thema „Umweltschutz" immer mehr in den Fokus der Politik.*

2 *Die weltweit steigenden Müllberge werden von Umweltschützern für eine Gefahr erkannt.*

3 *Doch im Grunde hätten die Politiker schon vor Jahren reagieren gemusst.*

4 *Heute stehen wir durch das Versagen vor großen ökologischen Herausforderungen.*

5 *Die folgenden Gennerationen werden hoffentlich umsichtiger mit unserem Planeten umgehen.*

b Um welche Art des Fehlers handelt es sich jeweils: Wortschatz (W), Grammatik (G) oder Rechtschreibung (R)? Notieren Sie und korrigieren Sie den Fehler.

1 ……………………………………………

2 ……………………………………………

3 ……………………………………………

4 ……………………………………………

5 ……………………………………………

TIPP

In diesem Testteil werden auch in einigen Teilaufgaben Ihre Orthografie-Kenntnisse getestet. Trainieren Sie die Rechtschreibung regelmäßig durch das Abschreiben von Texten! Prägen Sie sich längere Einheiten eines gelesenen Satzes ein und schreiben Sie diese auf. Versuchen Sie dabei, nach und nach immer längere Passagen aufzuschreiben.

2 Die Rechtschreibung trainieren

a Gliedern Sie den Text in kleinere Abschnitte. Lesen Sie einzelne Satzteile, prägen Sie sich diese ein, decken Sie den Text ab und schreiben Sie den Satzteil aus dem Gedächtnis in die rechte Spalte.

Beispiel für Gliederung:
Aufgrund der steigenden Lebenserwartung / und auch des Bedürfnisses nach Wohlstand / wird weltweit / immer mehr Müll produziert.

Verbunden mit diesem Phänomen sind neue Forschungsprojekte, die sich mit Wiederverwertung und Recycling verschiedener Materialien beschäftigen. Sogar in kleinen, privaten Laboren entstehen beeindruckende neue Ideen, wie zum Beispiel Kleidung, welche zu 100 Prozent ökologisch abbaubar ist. Ein mögliches Grundmaterial für diese neue Bekleidung kann zum Erstaunen vieler Menschen sogar Milch sein.

b Überprüfen Sie nun Ihren Text auf Richtigkeit, indem Sie ihn mit dem Ausgangstext vergleichen.

3 Plastikinseln im Meer

a Lesen Sie das Beispiel und die Erklärung zum Lösen der Aufgabe.

Beispiel:

Täglich produziert der Mensch Unmengen Müll – ein großer Teil .... besteht aus Plastik. Mittlerweile bilden sich auf unseren Meeren sogenannte Plastikinseln. Doch wer wirft seinen Müll ins Meer?

a ☐ darauf b ☐ darin c ☒ davon d ☐ dazu

TIPP

Die gesuchte Lösung bezieht sich auf den *Müll* im Satzteil davor, d. h. *ein großer Teil des Mülls besteht aus Plastik*. Eine gängige Form, den Genitiv zu ersetzen, besteht darin, die Präposition von zu verwenden: *Ein großer Teil „von dem Müll“ besteht aus Plastik*. Als Pronominaladverb kommt daher nur die Antwort c infrage. Alle anderen Antwortmöglichkeiten sind grammatisch nicht zulässig.

b Wählen Sie nun selbst jeweils die richtige Antwortmöglichkeit aus. Die Tipps helfen Ihnen dabei.

1 Tatsächlich aber stammen viele Bestandteile dieser Plastikinseln von Quellen an Land: So werden zum Beispiel in manchen Ländern Abfälle in Flüssen entsorgt und finden .... von dort ihren Weg ins Meer.

a ☐ dagegen b ☐ schließlich c ☐ sonst d ☐ stattdessen

TIPP
Gesucht wird hier ein Konjunktionaladverb. Welche Verbindung besteht zwischen den einzelnen Sätzen?

2 Durch Meeresströmungen bilden sich aus den einzelnen Teilen riesige auf der Meeresoberfläche .... Felder – die Plastikinseln.

a ☐ geschwemmte b ☐ geschwommene c ☐ schwemmende d ☐ schwimmende

TIPP
Es handelt sich hier um die Auflösung eines Relativsatzes, dabei ist die passende Form des Partizips zu wählen.

3 Schon jetzt warnen Umweltschützer ...., dass mehr Plastik als Plankton in den Meeren schwimmt.

a ☐ damit b ☐ daraus c ☐ davor d ☐ dazu

TIPP
Leider gibt es keine Regeln zu den Verben mit festen Präpositionen. Verlassen Sie sich auf Ihr Sprachgefühl, wenn Sie die richtige Lösung nicht sicher wissen!

4 Aufgrund der langen Haltbarkeit des Materials können wir nicht erwarten, dass sich dieses Problem von allein lösen wird. Eher ist davon auszugehen, dass die Plastikinseln größer .... und ihre Anzahl steigen wird.

a ☐ gewesen sind b ☐ geworden sind c ☐ sind d ☐ werden

TIPP
Hier soll die passende Form des Verbs gefunden werden. Überlegen Sie: Handelt es sich um eine Aussage in der Gegenwart, in der Zukunft oder der Vergangenheit?

5 Neben zahllosen kleinen und mittleren Inseln treiben fünf sogenannte Giganten auf den Weltmeeren. .... wird für die Größte unter ihnen eine Fläche von 700 000 bis 15 000 000 km^2 angenommen. Dies entspricht ungefähr der Größe Europas.

a ☐ Dieser Quelle entsprechend
b ☐ Jenem Bericht zufolge
c ☐ Laut anderen Hinweisen
d ☐ Nach aktuellen Angaben

TIPP
Hier wird eine gängige Formulierung gesucht, mit der Quellen angegeben werden. Welchen Ausdruck lesen Sie häufig in Texten? Einige Formulierungen können Sie ausschließen, weil sie sich auf etwas beziehen, was hier nicht erwähnt wird.

6 Doch nicht nur an der Wasseroberfläche sammelt sich Müll an, auch auf dem Meeresgrund lagert sich Abfall ....

a ▢ ab b ▢ auf c ▢ um d ▢ vor

TIPP

Trennbare Präfixe können die Bedeutung des Grundverbs stark verändern. Welche Bedeutung passt hier am besten?

7 Forscher gehen zudem davon aus, dass sich der Müll am Meeresboden der Arktis in den letzten zehn Jahren mindestens verdoppelt hat. Meeresforscher beschäftigen sich allerdings nicht nur mit .... Daten, sondern sie untersuchen auch die Auswirkungen und Folgen der Vermüllung der Meere.

a ▢ ihre gesammelte
b ▢ ihre gesammelten
c ▢ ihren gesammelte
d ▢ ihren gesammelten

TIPP

Hier müssen Sie die richtige Adjektivdeklination auswählen. Achten Sie auf Numerus und Kasus des nachfolgenden Nomens und darauf, ob ein bestimmter oder unbestimmter Artikel vorangeht!

8 Nicht selten landet der Abfall in den Mägen von Meerestieren, die den Müll mit Nahrung verwechseln. Ein weiteres Problem stellen die Plastikinseln für Vögel dar, die im Frühling und Herbst lange Wege über das Meer zurücklegen und auf den Inseln ....

a ▢ einkehren b ▢ einschlafen c ▢ lagern d ▢ rasten

TIPP

Hier wird nach dem passenden Ausdruck gesucht. Gehen Sie auch hier nach dem Ausschlussverfahren vor, sollten Sie nicht alle Wörter kennen!

9 Nicht selten bleiben sie in Netzen oder Schlaufen hängen und sterben einen qualvollen Tod. Auch zahlreiche Umweltschützer beschäftigen sich der finanziellen Belastung .... mit diesem Thema, und in Zusammenarbeit mit Reportern und Regisseuren sind eindrucksvolle Filme über die Bedrohung der Meere und Meerestiere entstanden.

a ▢ zum Trotz b ▢ zumtrotz c ▢ zum trotz d ▢ Zumtrotz

TIPP

Diese Aufgabe zielt auf die orthografische Richtigkeit ab. Sie müssen sich für die korrekte Schreibweise entscheiden. Überlegen Sie, um welche Wortart es sich handeln könnte.

Wichtige Tipps zu den Sprachbausteinen

Nehmen Sie sich Zeit für die Aufgabe und lassen Sie sich nicht verunsichern, wenn Sie nicht alle Lücken auf Anhieb füllen können.

Überlegen Sie beim ersten Lesen kurz bei jeder Lücke, ob Ihnen das Wort einfällt, das hineinpasst. Sehen Sie sich erst dann die Antwortmöglichkeiten an. Wenn Ihre Vermutung mit einer der Optionen übereinstimmt, setzen Sie eine kleine Markierung (z. B. ein Pluszeichen für „ich bin sicher").

Wenn Sie sich bei der Lösung nicht sicher sind, setzen Sie gedanklich jedes der vier Wörter in die Lücke ein und lesen Sie den entsprechenden Satz. So aktivieren Sie Ihr Sprachgefühl. Klingt es richtig, gewohnt, ungewohnt oder falsch? Vertrauen Sie Ihrer Intuition!

Die Teilaufgaben zur Grammatik beziehen sich häufig auf Phänomene wie Verben mit festen Präpositionen, Adjektivdeklinationen, mehrteilige Prädikate, Konnektoren und trennbare Verben.

4 Prüfungsaufgabe: Sprachbausteine

Lesen Sie den folgenden Text. Welche Lösung (a, b, c oder d) ist jeweils richtig? Lücke (0) ist ein Beispiel.

Pinguine in Zeiten des Klimawandels

In den Polarregionen ist der Klimawandel am ....0.......... sichtbar. So auch in der Antarktis, Lebensraum vieler Pinguinarten. In einigen Regionen schwindet das sommerliche Meereis, ...1.......... sich unmittelbar auf die Ökosysteme und Artengemeinschaften im Meer auswirkt. So verkleinern oder verlagern sich beispielsweise Krillschwärme. Krill, das sind kleine Leuchtgarnelen, die Hauptnahrungsquelle von Walen, Fischen – und von Pinguinen. Und wo der Krill verschwindet, verschwinden ....2.......... auch die Pinguine.

Durch eine ....3.......... an Einzelbeobachtungen haben Forscher ....4.........., dass sich Pinguinpopulationen verschiedener Arten seit einigen Jahren ....5.......... verschieben. So schrumpfen die Bestände der hochantarktischen und stärker meereisassoziierten Arten wie Adéliepinguine und Kaiserpinguine, während eher subantarktische Arten, zum Beispiel Eselspinguine, zumindest regional ....6.......... .

Wissenschaftler vom Thüringer Institut für Nachhaltigkeit und Klimaschutz in Jena ....7.......... im Auftrag des Umweltbundesamts, um die Bestände der verschiedenen Pinguinarten in der Antarktis zu erfassen und diese Veränderungen ....8.......... erst einmal festzustellen. So wird zum Beispiel ....9.......... multispektraler ....10.......... die Verteilung von Guanoablagerungen, das heißt von Pinguinkot, erfasst. Anhand ....11.......... Bilder wiederum können die Forscher abschätzen, wie viele Pinguinnester sich dort befinden. ....12.......... wollen die Jenaer Forscher auch die Qualität der am Boden erfassten Kontrolldaten verbessern. Diese Daten sind wichtig, um die Analysen von Satellitenbildern zu ....13.......... . Hierzu gehört auch der ....14.......... von Drohnen, mit deren Hilfe sich große Kolonien von Pinguinen vergleichsweise leicht erfassen lassen.

Damit sollen die methodischen ....15.......... für ein antarktisweites Pinguinmonitoring entwickelt werden, um Klarheit über die ....16.......... und zukünftige Bestandsentwicklung der antarktischen Pinguine zu ....17.......... . Pinguine gelten wie kaum ein anderer Organismus als geeignete ....18.......... für den Zustand und die Veränderung antarktischer Ökosysteme, weil sie fast am Ende der Nahrungskette stehen und sich vergleichsweise gut und einfach zählen lassen.

Am 25. April wird international der Weltpinguintag ....19.......... . Seinen Ursprung hat der Gedenktag einem kuriosen Umstand zu ....20..........: Wissenschaftler auf der amerikanischen McMurdo-Station in der Antarktis bemerkten, dass jedes Jahr am 25. April die Adéliepinguine nach vielen Monaten auf See an Land zurückkehren – ....21.......... jährlich am gleichen Tag zur selben Stelle. Der Tag des Erscheinens der Pinguine wurde für die Forscher zu einem eigenen Feiertag, der nach und nach weltweit an Bedeutung ....22.......... .

Beispiel:

0 a ☒ deutlichsten
b ☐ kräftigsten
c ☐ schwersten
d ☐ üppigsten

1 a ☐ der
b ☐ die
c ☐ was
d ☐ wie

2 a ☐ nach Kurzen
b ☐ nach Langem
c ☐ nach und nach
d ☐ nachdem

3 a ☐ Mehrzahl
b ☐ Minderzahl
c ☐ Überzahl
d ☐ Vielzahl

4 a ☐ aufgestellt
b ☐ bereitgestellt
c ☐ entgegengestellt
d ☐ festgestellt

5 a ☐ großartig
b ☐ großformatig
c ☐ großräumig
d ☐ großzügig

6 a ☐ festnehmen
b ☐ hinnehmen
c ☐ wahrnehmen
d ☐ zunehmen

7 a ☐ ausforschen
b ☐ erforschen
c ☐ forschen
d ☐ nachforschen

8 a ☐ gar
b ☐ rein
c ☐ überhaupt
d ☐ zumal

9 a ☐ durch
b ☐ mit
c ☐ mithilfe
d ☐ von

10 a ☐ Satellitenbilder
b ☐ Sattelitenbilder
c ☐ Sattelittenbilder
d ☐ Sattellittenbilder

11 a ☐ diese
b ☐ diesem
c ☐ diesen
d ☐ dieser

12 a ☐ Außerdem
b ☐ Dennoch
c ☐ Sonst
d ☐ Trotzdem

13 a ☐ informieren
b ☐ legalisieren
c ☐ regulieren
d ☐ überprüfen

14 a ☐ Ansatz
b ☐ Aufsatz
c ☐ Einsatz
d ☐ Zusatz

15 a ☐ Grundlagen
b ☐ Grundrechte
c ☐ Grundsätze
d ☐ Grundstücke

16 a ☐ bisherige
b ☐ ehemalige
c ☐ gewesene
d ☐ verflossene

17 a ☐ erhalten
b ☐ fordern
c ☐ herrschen
d ☐ sorgen

18 a ☐ Indickatoren
b ☐ Indikathoren
c ☐ Indikatohren
d ☐ Indikatoren

19 a ☐ abgegangen
b ☐ abgeschritten
c ☐ begangen
d ☐ umgangen

20 a ☐ abdanken
b ☐ bedanken
c ☐ danken
d ☐ verdanken

21 a ☐ aufrichtig
b ☐ ehrlich
c ☐ redlich
d ☐ zuverlässig

22 a ☐ erspielte
b ☐ gewann
c ☐ verlor
d ☐ verspielte

Beim Hörverstehen, Teil 1, steht das Globalverstehen im Vordergrund. Sie hören acht Stellungnahmen von acht verschiedenen Personen. Dazu bekommen Sie zehn Aussagen in schriftlicher Form; Sie sollen jeder der acht Personen eine Aussage zuordnen. Hier sind die Informationen anders formuliert als in der Aufnahme, die Sie hören. Zwei Aussagen passen zu keiner der acht Personen, zu jeder Person gehört demnach nur eine Aussage.

Vorgehensweise: Versuchen Sie, den Aussagen im Großen und Ganzen zu folgen. Wenn Sie einzelne Wörter nicht gut verstehen, denken Sie nicht darüber nach, sondern versuchen Sie lieber, die zentralen Informationen herauszuhören. Sie müssen dabei Schlüsselwörter und Synonyme identifizieren und so Inhalte einander zuordnen können.

Bewertung: 1 Punkt für jede richtig zugeordnete Aussage, insgesamt: 8 Punkte

Zeit: ca. 8 Minuten

1 Schlüsselwörter in Aussagen erkennen und Synonyme finden

Vor dem Hören haben Sie Zeit, die zehn Aussagen zu lesen. Wichtig ist, dass Sie die zentralen Schlüsselwörter erkennen und den Sinn der Aussage erfassen.

TIPP

Notieren Sie sich vor dem Hören zu jeder Aussage eine Gedächtnisstütze! So erinnern Sie sich während des Hörens besser an den Inhalt der Aussage und müssen diese nicht erneut komplett lesen.

Beispiel: Das Pendeln zur Arbeit verursacht Stress und kann die Gesundheit gefährden.

Schritt 1: Sie können den Satz auf seine zentrale Aussage reduzieren und eine Gedächtnisstütze hinter der Aussage notieren: *pendeln = Stress/Gesundheitsrisiko.*

Schritt 2: Sammeln Sie nun Ihre Assoziationen zu den Wörtern *pendeln*, *Stress* und *Gesundheitsrisiko.*

pendeln: *langer Weg zur Arbeit, Stau, öffentliche Verkehrsmittel, Verspätung*

Stress: *Unruhe, Hektik, angespannt/unausgeglichen sein, krank werden*

Gesundheitsrisiko: *Gefahr, Krankheit*

Es genügt, wenn Sie sich ein oder maximal zwei Punkte zu jedem Schlüsselwort notieren oder merken.

a Reduzieren Sie die folgenden Aussagen auf die jeweilige Kernaussage.

1 Flexible Arbeitsmodelle sind eine große Hilfe für Pendler.

2 Pendeln mit dem Auto ist oft anstrengender als Pendeln mit dem Zug.

3 Für jüngere Arbeitnehmer ist ein langer Weg zur Arbeit mittlerweile kein Hindernis mehr.

4 Die Nachteile des Pendelns werden viel zu wenig beachtet und untersucht.

b Notieren Sie nun Synonyme, Antonyme und Assoziationen zu Ihren Stichpunkten.

c Lesen Sie die folgende persönliche Stellungnahme und markieren Sie zentrale Schlüsselwörter.

Ich bin eigentlich ein Pendelgegner, aber nun fahre ich doch jeden Tag mit dem Auto eine lange Strecke zur Arbeit. Der Grund war Karrieredruck, weil alle meine Freunde gut bezahlte Jobs hatten und ich in meiner Stadt keinen Job mit Aufstiegsmöglichkeiten finden konnte. Nun habe ich mehr Geld und erhalte auch mehr Anerkennung, also alles, was ich unter einem beruflichen Aufstieg verstehe. Beruflich weiterzukommen ist für mich sehr wichtig, dennoch muss ich sagen, dass ich einen gewissen Preis dafür zahle: Ich habe durch das Pendeln weniger Freizeit und bin öfter gestresst, wenn ich auf der Arbeit oder zu Hause ankomme. Einerseits nehme ich das gern in Kauf, denn ich habe nun eine sehr gute Position erreicht. Andererseits möchte ich demnächst mal eine Veränderung wagen: Ich möchte öfter mit dem Zug fahren, weil ich da in Ruhe lesen kann.

TIPP

Die Fragen in der folgenden Aufgabe können Ihnen als Hilfe dienen, um Schlüsselwörter in einem schriftlichen oder mündlichen Text zu finden.

d Lesen Sie die Fragen und überprüfen Sie Ihre Schlüsselwörter aus Aufgabe 1c. Gibt es noch weitere? Haben Sie zu viele / zu wenige markiert? Überarbeiten Sie den Text.

1 Welche Informationen gibt es über den Sprecher?
2 Gibt es einen temporalen / lokalen Vergleich *(früher – heute – in Zukunft / hier oder dort)*?
3 Werden im Text Gründe *(warum?)*, Konsequenzen *(was resultiert daraus?)* oder Ziele *(zu welchem Zweck?)* genannt?
4 Welche modalen und konditionalen Informationen *(wie / mit welcher Hilfe, unter welchen Bedingungen passiert etwas?)* gibt der Text wieder?

2 Kernaussagen beim Hören erkennen

2 **a** Hören und lesen Sie das folgende Beispiel für einen Sprecherbeitrag und analysieren Sie die Kernaussage.

Beispiel:
Früher bin ich für meinen Job viel unterwegs gewesen und hatte lange Wege. Zum einen hatte ich einen langen Weg zur Arbeit, zum anderen hatte ich immer mal wieder Termine außerhalb des Büros, und so bestand auch ein Teil meines Arbeitsalltags aus Fahren. Anfangs habe ich die Fahrt zur Arbeit und die Zeit im Auto sehr genossen. Ich hatte ein angenehmes Gefühl von Freiheit und Unabhängigkeit. Erst sehr spät habe ich erkannt, wie anstrengend die langen Autofahrten für mich eigentlich sind. Schnell bekam ich Probleme mit dem Nacken und Rücken, hatte Schlafstörungen, war immer unruhig und hatte Schwierigkeiten, mich zu konzentrieren. Als ich dann Termine verwechselte und immer häufiger zu spät kam, geriet ich emotional noch mehr unter Druck. Einmal hätte ich fast einen Unfall verursacht. Erst als mein Arzt mich längere Zeit krankgeschrieben hatte, konnte ich wieder auf meine innere Stimme hören. Ich kündigte meinen Job, fand eine neue Stelle hier in der Nähe und bin nun in meiner Freizeit viel flexibler. Denn ich habe nun mehr Zeit für mich und meine Familie.

Kernaussage: Früher viel gependelt, dann krank geworden und fast einen Unfall verursacht, heute nicht mehr pendeln

Passende Aussage: Beispiel in Aufgabe 1 *(pendeln = Stress / Gesundheitsrisiko)*

b Hören Sie nun drei weitere Beiträge. Formulieren Sie nach jedem Beitrag die Kernaussage der Sprecherin oder des Sprechers.

	Sprecher	Kernaussage	Passende Aussage
3	Sprecher 1	....	....
4	Sprecher 2	....	....
5	Sprecher 3	....	....

c Ordnen Sie nun die von Ihnen formulierten Kernaussagen den Aussagen aus Aufgabe 1a zu. Eine Aussage aus Aufgabe 1a kann nicht zugeordnet werden.

Wichtige Tipps zum Hörverstehen, Teil 1

Achten Sie beim Hören auf Schlüsselwörter und fügen Sie diese zu Kernaussagen zusammen.

Achten Sie auf die inhaltlichen Zusammenhänge (kausal, modal, konsekutiv, konzessiv, temporal, adversativ, konditional, final).

Bleiben Sie ruhig, wenn Sie einzelne Wörter nicht verstehen. Die Kernaussage hängt nicht an einer einzigen Vokabel!

Notieren Sie sich kleine Gedächtnisstützen zu jeder gelesenen Aussage. Stellen Sie in Ihren Notizen oder Markierungen die Kernaussage dar. Dadurch vermeiden Sie, dass Sie parallel zum Hören in den Aussagen lesen müssen.

Nehmen Sie sich Zeit für die Zuordnungen. Lesen Sie Ihre Notizen und die Aussagen der Aufgabe gründlich durch.

3 Prüfungsaufgabe: Hörverstehen, Teil 1

6

Sie hören die Meinungen von acht Personen. Sie hören die Meinungen nur einmal. Entscheiden Sie beim Hören, welche Aussage (a–j) zu welcher Person passt. Zwei Aussagen passen nicht.

Lesen Sie jetzt die Aussagen a–j. Sie haben dazu eine Minute Zeit.

Verbesserte Mobilität in der Stadt

a Bei der Raumnutzung darf das Auto nicht weiter bevorzugt werden.

b Der Ausbau der öffentlichen Verkehrsmittel ist die Voraussetzung für verbesserte Verkehrsbedingungen in den Städten.

c Einfahrverbote in Stadtzentren schaden dem Handel und der Kultur.

d Einzig Einfahrverbote und hohe finanzielle Belastungen führen zu einer Entlastung der Innenstädte.

e Es gibt eine Veranstaltung, die den Menschen neuartige Verkehrskonzepte überzeugend nahebringen soll.

f Fahrräder sind nicht die einzige Möglichkeit, um umweltfreundliche private Mobilität in den Städten zu fördern.

g In den Städten muss der gewerbliche Transport von Gütern besser organisiert werden.

h Internationale Erfahrungen zeigen, dass die Toleranz gegenüber Autos in Großstädten abnimmt.

i Verkehrsforscher untersuchen den Anteil des Lieferverkehrs am städtischen Stauaufkommen.

j Wenn sich etwas ändern soll, ist eine grundlegende Änderung der Einstellung notwendig.

In diesem Hörtext sprechen zwei oder mehr Menschen miteinander über ein Thema, zum Beispiel in Form eines Radiointerviews oder einer Gesprächsrunde. Dazu bekommen Sie zehn Aufgaben. Vor dem Hören haben Sie drei Minuten Zeit, diese Aufgaben zu lesen. Jede Aufgabe besteht aus einem Satzanfang mit drei möglichen Fortsetzungen, aus denen Sie die richtige auswählen sollen. Dabei geht es ausschließlich darum, was Sie im Hörtext hören, nicht um Ihre eigenen Kenntnisse oder Erfahrungen.

Vorgehensweise: Bei dieser Aufgabe müssen Sie Details verstehen. Hierbei ist es wichtig, auf einzelne Wörter und Wortgruppen zu achten. Markieren Sie sich in der Vorbereitungszeit ganz genau, welche Schlüsselwörter Sie in den Aufgaben finden, sodass Sie dann beim Hören genau diese Stellen identifizieren können.

Bewertung: 2 Punkte für jede richtige Antwort, insgesamt: 20 Punkte

Zeit: ca. 9 Minuten

1 Zusammenhänge einer Aussage verstehen

In schriftlichen und mündlichen Texten auf C1-Niveau werden Aussagen meist nicht in Form einfacher Sätze präsentiert. Oft werden Aussagen relativiert, diskutiert, zitiert oder neu formuliert. Legen Sie den Fokus auf die **Sinnzusammenhänge** zwischen den einzelnen Elementen eines Satzes, wie zum Beispiel Fragen der Modalität, Temporalität, Kausalität, Konditionalität und Ähnlichem.

TIPP

Versuchen Sie, während des Hörens den Inhalt des Beitrags zu erfassen, und achten Sie auf die Sinnzusammenhänge, um die Kerninhalte zu verstehen.

Lesen Sie den folgenden Text. Markieren Sie die Sinnzusammenhänge und benennen Sie diese. Die Tabelle auf der nächsten Seite hilft Ihnen dabei.

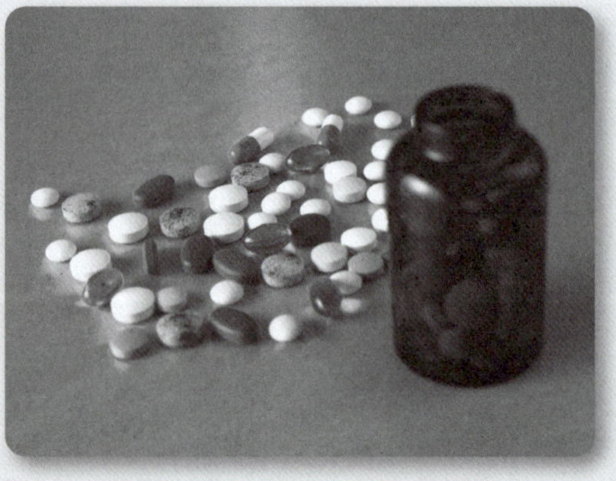

Obwohl die Gesundheit der Bevölkerung Deutschlands tendenziell immer besser wird, darf man die steigende Zahl der Volkskrankheiten nicht außer Acht lassen. Während noch vor einigen Jahren viele der heutigen Volkskrankheiten als Begleiterscheinungen anderer Beschwerden galten, sind sie nun als eigene Krankheit einzuordnen und zu behandeln. Bluthochdruck, Rückenleiden und Stoffwechselprobleme zählen zu den häufigsten Volkskrankheiten. Verursacht werden sie vor allem durch eine ungesunde Lebensweise wie Rauchen, Alkoholmissbrauch, schlechte Ernährungsgewohnheiten, Stress und Bewegungsmangel. Bei familiärer Vorbelastung können diese Krankheiten natürlich auch entstehen, obwohl die Betroffenen einen gesunden Lebensstil pflegen.

Übersicht der Sinnzusammenhänge durch Nebensätze und Nominalangaben

Sinnzusammenhang	Nebensatz	Nominalangabe
Kausal *(Warum?)*	Ich habe Rückenschmerzen, weil ich zu viel sitze.	Aufgrund/Wegen des ständigen Sitzens habe ich Rückenschmerzen.
Konsekutiv *(Mit welcher Folge?)*	Ich sitze so viel, dass ich Rückenschmerzen bekomme.	Infolge des ständigen Sitzens habe ich Rückenschmerzen.
Konzessiv *(Trotz welcher Umstände?)*	Obwohl ich Rückenschmerzen habe, sitze ich immer noch viel.	Trotz meiner Rückenschmerzen sitze ich immer noch viel.
Konditional *(Unter welcher Bedingung?)*	Wenn ich Rückenschmerzen habe, gehe ich zur Massage.	Bei Rückenschmerzen gehe ich zur Massage.
Final *(Mit welchem Ziel?)*	Ich treibe Sport, damit ich keine Rückenschmerzen bekomme / um keine Rückenschmerzen zu bekommen.	Zur Vermeidung von Rückenschmerzen treibe ich Sport.
Adversativ *(Welcher Gegensatz?)*	Ich treibe Sport, während sich meine Kollegen eher wenig bewegen.	Im Gegensatz zu meinen Kollegen treibe ich Sport.
Modal		
Art und Weise *(Wie?)*	Ich vermeide Rückenschmerzen, indem ich Sport treibe.	Mit / Durch Sport vermeide ich Rückenschmerzen.
Fehlendes *(Was fehlt?)*	Ohne dass ich Sport treibe, werde ich meine Rückenschmerzen nicht los.	Ohne Sport werde ich meine Rückenschmerzen nicht los.
Alternative *(Statt was?)*	Anstatt dass ich Sport treibe, gehe ich in die Sauna.	Statt Sport mache ich Saunabesuche.
Vergleich *(Verglichen mit was?)*	Je mehr Sport ich treibe, desto besser geht es meinem Rücken.	
Temporal		
gleichzeitig	Wenn der Tag beginnt, treibe ich Sport.	Bei Tagesanbruch treibe ich Sport.
	Während / Solange ich Sport treibe, geht es mir gut.	Während des Trainings geht es mir gut.
nicht gleichzeitig	Seitdem ich Sport treibe, habe ich keine Rückenschmerzen mehr.	Seit Trainingsbeginn habe ich keine Rückenschmerzen mehr.
	Bis ich schmerzfrei bin, muss ich noch lange trainieren.	Bis zur vollständigen Genesung muss ich noch lange trainieren.
	Bevor ich mit dem Training angefangen habe, hatte ich starke Schmerzen.	Vor Beginn des Trainings hatte ich starke Schmerzen.
	Nachdem ich wochenlang trainiert habe, geht es mir besser.	Nach wochenlangem Training geht es mir besser.

2 Kernaussagen verstehen

a Lesen Sie den ersten Abschnitt eines Interviews zum Thema „Rückenschmerzen – die neue Volkskrankheit“. Das Beispiel zeigt, wie die Fragen des Interviewenden beantwortet werden und welche Sinnzusammenhänge sich in den Antworten finden lassen.

Herzlich willkommen bei einer neuen Ausgabe von *GesundheitPlus*. Wir wollen uns heute mit dem Thema „Rückenschmerzen – die neue Volkskrankheit“ beschäftigen. Ich begrüße ganz herzlich Frau Dr. Antonia Velázquez. Frau Dr. Velázquez ist Ärztin am Medizinischen Schmerzzentrum Wismar. Dort arbeitet sie mit Ärztinnen, Ärzten, medizinischen Fachangestellten, Schwestern und Pflegern zusammen, um chronische Schmerzpatienten zu betreuen.
Kommen wir gleich zu unserer ersten Frage:
Sind Rückenschmerzen die neue Volkskrankheit in Deutschland?

Wirft man einen Blick auf Statistiken und repräsentative Umfragen, dann kommt man eindeutig zu der Erkenntnis, dass Rückenschmerzen zu den häufigsten Beschwerden zählen. Dabei muss aber differenziert werden: zum einen nach der Ursache und zum anderen nach der Dauer. Typische Auslöser für kurzzeitige Beschwerden sind Hexenschuss und Nackenverspannungen. In 80 Prozent der Fälle klingen die Schmerzen nach einigen Wochen ab, ohne dass ein Arzt hinzugezogen werden muss. Auffällig ist, dass Frauen wesentlich häufiger unter Rückenschmerzen leiden als Männer; insbesondere bei den chronischen Schmerzpatienten geht die Schere sehr weit auseinander.

Beispiel:

0 Sind Rückenschmerzen die neue Volkskrankheit in Deutschland?

Antwort im Text

„Wirft man einen Blick auf Statistiken und repräsentative Umfragen, dann kommt man eindeutig zu der Erkenntnis, dass Rückenschmerzen zu den häufigsten Beschwerden zählen.“

Sinnzusammenhang

- a ☐ Temporal
- b ☐ Modal
- c ☒ Konditional

b Sie hören die weiteren Abschnitte des Interviews. Identifizieren Sie für jede Antwort auf die Fragen des Moderators die Kernaussage und notieren Sie sie.

7

1 Sie sprachen gerade von chronischen Rückenschmerzen. Wie erkenne ich denn, ob meine Schmerzen von allein abklingen oder ich ein chronisches Leiden habe?

Kernaussage

....

....

....

Sinnzusammenhang

- a ☐ Adversativ
- b ☐ Kausal
- c ☐ Konditional

2 Wenn wir von einer neuen Volkskrankheit sprechen, dann bedeutet das ja auch, dass die Zahlen steigen. Ist das denn der Fall? Oder wird heute einfach nur mehr darüber geredet als früher? 8

Kernaussage

....

....

....

Sinnzusammenhang

a ☐ Kausal

b ☐ Konsekutiv

c ☐ Temporal

3 Ich habe einen 16-jährigen Sohn zu Hause. Was kann ich ihm raten, um ganz gezielt Ihren Prophezeiungen vorzubeugen? 9

Kernaussage

....

....

....

Sinnzusammenhang

a ☐ Modal

b ☐ Kausal

c ☐ Konzessiv

4 Menschen, die unter chronischen Rückenschmerzen leiden, greifen oft zu Salben, Pflastern, Tabletten oder alternativen Behandlungsmitteln. Ist das ratsam? 10

Kernaussage

....

....

....

Sinnzusammenhang

a ☐ Konditional

b ☐ Modal

c ☐ Temporal

5 Was halten Sie von alternativen Behandlungsmethoden? 11

Kernaussage

....

....

....

Sinnzusammenhang

a ☐ Konzessiv

b ☐ Temporal

c ☐ Modal

c Analysieren Sie, in welchem Kontext die Kernaussage steht, und markieren Sie den richtigen Sinnzusammenhang. Nutzen Sie hierzu auch das Transkript im Anhang.

3 Inhalte den verschiedenen Aussagen zuordnen

a Sie hören im Folgenden fünf Aussagen zu Erfahrungen mit Fitnessanwendungen. Markieren Sie in den Antwortmöglichkeiten die Schlüsselwörter und entscheiden Sie, welche der Aussagen zum Gehörten passt. 12

Beispiel:

0 Das Cardiogerät

a ☐ zeigt auf einem Bildschirm einen virtuellen Trainer.

b ☐ ist auch für Ausdauersportarten im Freien geeignet.

c ☒ ist für den Heimgebrauch zu kostspielig.

1 Die App

a ☐ benötigt für ihre Berechnungen jeden Tag aktuelle Eintragungen.

b ☐ errechnet aus den eingegebenen Daten Vorschläge für kalorienarme Mahlzeiten.

c ☐ lässt sich nach einer aufwendigen Installation ohne viel Zeitaufwand verwenden.

2 Miriam

a ☐ hätte nicht mit einem so vielfältigen Angebot an Fitnessvideos gerechnet.

b ☐ hat erst nach einer halben Stunde Suche im Internet Fitnessvideos gefunden.

c ☐ möchte durch Online-Training ihre Eigenmotivation stärken.

3 Andreas

a ☐ möchte lieber nicht zu unterschiedlichen Zeitpunkten seine Trainingseinheiten absolvieren.

b ☐ möchte sich nicht von seinem Handy den Zeitplan diktieren lassen.

c ☐ wollte mithilfe der Fitness-Apps seine Faulheit überwinden.

4 Nach dem Trainingsprogramm im Ganzkörperanzug

a ☐ bekam Monika sofort Muskelkater.

b ☐ fühlte Monika ein Kribbeln an einigen Körperteilen.

c ☐ hatte Monika ihre anfänglichen Zweifel überwunden.

12 **b** Hören Sie die Aussagen noch einmal und überprüfen Sie, in welchen Kontexten die Schlüsselwörter der nicht passenden Antwortmöglichkeiten vorkommen.

Beispiel:

Hi, mein Name ist Stefan und ich habe die Cardio Experience ausprobiert. Das ist im Grunde ein normales Cardiogerät fürs Ausdauertraining, also ein Stepper oder ein Laufband, aber mit erweitertem Display, sodass man während des Trainings wie in einer virtuellen Welt unterwegs ist. Es besteht die Möglichkeit, durch Wälder oder Wiesen zu laufen, beim Steppen kann man einstellen, dass man Treppen steigt und am Ende mit einem Ausblick von einem Turm belohnt wird. Ich habe allerdings den Fehler begangen, das Gerät ohne Anleitung zu benutzen, dadurch habe ich viele Optionen und Einstellungen übersehen. Dennoch muss ich sagen, ich finde es ganz witzig. Für zu Hause ist das Ganze nichts – viel zu teuer; aber im Studio wirkt es auf mich wie ein Magnet.

Das Cardiogerät

a ☐ zeigt auf einem Bildschirm einen virtuellen Trainer.
≠ *zeigt auf dem Bildschirm eine virtuelle Welt*

b ☐ ist auch für Ausdauer-Sportarten im Freien geeignet.
≠ *geeignet fürs Ausdauertraining, simuliert ein Training im Freien*

c ☒ ist für den Heimgebrauch zu kostspielig.

Wichtige Tipps zum Hörverstehen, Teil 2

Lesen Sie die Aussagen gründlich und markieren Sie die Schlüsselwörter.

Achten Sie auf die Sinnzusammenhänge, in denen die Schlüsselwörter vorkommen.

Sie können davon ausgehen, dass Sie die meisten Schlüsselwörter (wörtlich oder als Synonyme) im Beitrag hören werden.

Bleiben Sie im Tempo des Textes. Verharren Sie nicht bei einer Aufgabe und überlegen, was richtig wäre. Arbeiten Sie zügig, sonst verpassen Sie wichtige Informationen des nachfolgenden Beitrags.

4 Prüfungsaufgabe: Hörverstehen, Teil 2

13

Sie hören eine Radiosendung. Sie hören die Sendung nur einmal. Entscheiden Sie beim Hören, welche Aussage (a, b oder c) am besten passt.

Lesen Sie jetzt die Aufgaben 1–10. Sie haben dazu drei Minuten Zeit.

1 Spitzensportler
- a ☐ gibt es vor allem im Bereich des professionellen Fußballs.
- b ☐ müssen sich oft eine andere Verdienstmöglichkeit suchen.
- c ☐ verdienen auch nach Beendigung ihrer sportlichen Laufbahn genug.

2 Jamals Eltern
- a ☐ tolerierten die Sportwahl seines Bruders.
- b ☐ trainierten ihre Söhne im eigenen Garten.
- c ☐ waren Mitglieder im Alpenverein.

3 In seiner sportlichen Laufbahn
- a ☐ hat Jamal schon mehr Wettkämpfe gewonnen als sein Bruder.
- b ☐ ist Jamal schon einmal deutscher Meister geworden.
- c ☐ konnte Jamal noch bei keiner Weltmeisterschaft mitmachen.

4 Für die Zeit nach der Sportkarriere
- a ☐ hat er noch keine konkreten Pläne geschmiedet.
- b ☐ hat er finanziell ausgesorgt.
- c ☐ sieht er für sich in der Sportbranche keine Möglichkeiten.

5 Jamal schätzt an seinem Studienmodell
- a ☐ die absolute Vorrangstellung des Sports.
- b ☐ die Begegnung mit Andersdenkenden.
- c ☐ die Unabhängigkeit eines Fernstudiums.

6 Jamal
- a ☐ definiert sich ausschließlich über seine sportlichen Leistungen.
- b ☐ kann sich nichts Wichtigeres vorstellen als Sport.
- c ☐ sieht im Studium auch ein Gegengewicht zum Sport.

7 In Jamals Studienprogramm
- a ☐ ist man von der allgemeinen Präsenzpflicht entbunden.
- b ☐ nimmt man sich der Spitzensportler besonders an.
- c ☐ werden auch Trainingseinheiten angeboten.

8 Die Spitzensportlerinnen und Spitzensportler
- a ☐ besuchen extra für sie konzipierte Lehrveranstaltungen.
- b ☐ haben auf ihre Bedürfnisse angepasste Bedingungen.
- c ☐ haben jeweils einen persönlichen Ansprechpartner.

9 Die Verbindung von Spitzensport und Studium
- a ☐ gibt es vor allem unter professionellen Fußballern.
- b ☐ ist bei Kletterern keine Seltenheit.
- c ☐ wird von den Trainern abgelehnt

10 Seit Jamal studiert,
- a ☐ hat er sein persönliches Limit erreicht.
- b ☐ leidet sein Durchhaltevermögen.
- c ☐ sind seine sportlichen Erfolge ungebrochen.

Bei Hörverstehen, Teil 3 hören Sie einen Vortrag. Die Aufgabe ist offener als die anderen: Sie sollen sich bei dem Vortrag Notizen machen, in denen Sie die wesentlichen Informationen des Vortrags wiedergeben. Dabei können Sie Stichworte notieren, aber auch kurze Sätze. Grammatik- oder Rechtschreibfehler werden nicht bewertet, solange man Ihre Antwort noch ohne Probleme verstehen kann. In der Aufgabe ist schon die Struktur des Vortrags in Form von Handzetteln mit einzelnen Stichpunkten vorgegeben. Sie sehen anhand der Lücken, wie viele Punkte Sie zu welchem Teil des Vortrags notieren sollen. Dieser Aufgabentyp verlangt also zwei Fertigkeiten von Ihnen: Zum einen müssen Sie in der Lage sein, Notizen und Stichpunkte anzufertigen, zum anderen müssen Sie Inhalte eines Vortrags, also eines gesprochenen Textes, in eine schriftliche Form übertragen.

Vorgehensweise: Sie müssen sowohl die Gesamtstruktur des Textes verstehen als auch einzelne Informationen identifizieren, die Sie für Ihre Mitschrift benötigen.

Bewertung: 2 Punkte für jedes richtig festgehaltene Stichwort, insgesamt: 20 Punkte

Zeit: ca. 20 Minuten

1 Stichpunkte und Notizen anfertigen

Notizen bestehen in der Regel aus kurzen Phrasen mit den wichtigsten Schlüsselbegriffen. Es verringert den Schreibaufwand, wenn Phrasen mit Nominalisierungen der Verben eines Satzes beginnen. Nicht jeder Satz ist ein Stichpunkt: Oft geben mehrere Sätze zusammen einen Inhalt wieder.

Beispiel: In der Bundesrepublik steigen die Studierendenzahlen, und ein Ende des Trends ist nicht abzusehen. Immer mehr junge Menschen entscheiden sich für eine akademische Ausbildung, wie Statistiken belegen. Nur knapp 200 000 Schulabgänger begannen im Jahr 1980 ein Studium, was etwa 20 Prozent des Jahrgangs entspricht. In den darauffolgenden 20 Jahren lässt sich ein sanfter Zuwachs, dann ein leichter Rückgang beobachten. Die Zahlen schwanken zwischen 200 000 und 270 000, um ab 1995 kontinuierlich zuzunehmen. Am Ende des Beobachtungszeitraums, im Jahr 2014, ist die Anzahl der Studienanfänger auf das Zweieinhalbfache angewachsen. Fast 505 000 Abiturienten – mehr als die Hälfte eines Jahrgangs – schrieben sich 2014 an deutschen Hochschulen ein.

Stichpunkte:

- Anstieg der Studierendenzahl in BRD (Nominalisierung)
- kein Ende des Trends (Vereinfachung/Kürzung der Information)
- zwischen 1980 und 2014 Anstieg der Anzahl der Studienanfänger um 150 % (Nominalisierung/Kürzung der Information)
- zwischen 1980 und 1995 Schwankung der Anzahl zwischen 200 000 und 270 000 (Nominalisierung)
- ab 1995 steter Anstieg (Nominalisierung)

TIPP

Eine Möglichkeit, Inhalte möglichst knapp darzustellen, sind Nominalisierungen. Lesen Sie regelmäßig Fachtexte, Zeitungen, populärwissenschaftliche Literatur und Abstracts von wissenschaftlichen Arbeiten, um sich diese Nominalkonstruktionen anzueignen.

a Wandeln Sie die folgenden Inhalte durch Nominalisierungen in Stichpunkte um.

1 Die Zahl der Studierenden nimmt zu.

2 Der Anteil der Lehrenden blieb dagegen lange Zeit unverändert.

3 Die Qualität des Studiums in Deutschland wurde daher immer häufiger diskutiert.

4 Bei vielen Studierenden entstand der Wunsch, im Ausland zu studieren.

5 Die Politik reagiert darauf mit unterschiedlichen Förderprogrammen für Nachwuchswissenschaftler.

6 Die Karriereoptionen an den Universitäten haben sich daraufhin verbessert.

7 Erkennbare Resultate der Maßnahmen sind die steigende Anzahl von Förderanträgen für Forschungsprojekte, neue Institutspartnerschaften im In- und Ausland sowie eine bessere Qualität in der Lehre.

b Vereinfachen oder verkürzen Sie die folgenden Nomen-Verb-Verbindungen und formulieren Sie Stichpunkte.

1 Die Qualität der Ausbildung hat sich zum Besseren gewendet.

2 Dies hatte zur Folge, dass viele Förderanträge eingereicht wurden.

3 Auch für Studierende aus dem Ausland haben die deutschen Universitäten an Attraktivität gewonnen.

4 Viele ältere und kleine Studiengänge sind jedoch den Umstrukturierungen zum Opfer gefallen.

5 Für die Zukunft müssen sicherlich Überlegungen angestellt werden, wie gute Traditionen und neue Ideen in Einklang gebracht werden können.

c Vereinfachen oder verkürzen Sie die folgenden Sätze und formulieren Sie Stichpunkte.

1 Die Welt dreht sich schneller und das führt dazu, dass jährlich neue Studiengänge akkreditiert werden und auf den „Hochschulmarkt" kommen. Doch welche Folgen hat das für ältere Studiengänge? Und noch wichtiger scheint die Frage: Was passiert mit Menschen, die einen Studiengang abgeschlossen haben, der heute nicht mehr gefragt ist? Sie müssen sich neu orientieren, sich weiterbilden und im Zweifel noch einmal studieren. Doch wie soll man neben Arbeit und Familie eine Vorlesung besuchen? Eine Lösung ist das Fernstudium.

2 Natürlich werden bei Weitem nicht alle Studiengänge in das Angebot der Fernuniversitäten aufgenommen, aber gerade die derzeit gefragten Fächer in den Natur- und Wirtschaftswissenschaften werden in der Regel als Bachelor- und Masterstudiengang angeboten.

3 Trotz der guten Angebote scheuen sich viele Interessenten, ein Studium an einer Fernuni aufzunehmen, da sie Zweifel haben, ob die Abschlüsse gleichwertig sind. Diese Sorge ist allerdings unberechtigt, da bei staatlich anerkannten Fernuniversitäten auch die Abschlüsse staatlich anerkannt sind.

4 Eine weitere Frage, welche viele beschäftigt, ist die, wie ein solches Studium bei potenziellen Arbeitgebern ankommt. Aus Umfragen unter Arbeitgebern und Arbeitgebervertretungen ist deutlich geworden, dass viele Chefs den Abschluss eines Fernstudiums als sehr hoch bewerten, da sie wissen, dass ein solches Studium nur mit sorgfältigem Selbstmanagement und viel Disziplin durchzuhalten ist.

2 Informationen übertragen

14 **a** Hören Sie die Meinungen von zwei verschiedenen Personen zum Thema „Duales Studium". Vervollständigen Sie die fehlenden Informationen.

TIPP

Es wird von Ihnen erwartet, dass Sie in der Lage sind, einem Hörtext bestimmte Informationen zu entnehmen und diese in einer vorgegebenen Form zu präsentieren. Orientieren Sie sich an der Information vor der Lücke, um einen Hinweis auf die zu ergänzenden Informationen zu erhalten.

Ich fange jetzt im kommenden Wintersemester mit meinem Studium an und habe mich für BWL entschieden. Da gibt es natürlich auch viele Angebote für duale Studiengänge, teilweise sogar mit einer .... 1 .... Trotzdem konnte ich mich mit dieser Idee nicht so recht anfreunden, weil man da ja sozusagen für die Firma studiert, bei der auch der .... 2 .... stattfindet. Na ja, und die bestimmt dann auch zu einem guten Teil, worauf man sich im Studium zu konzentrieren hat. Das halte ich für ungünstig, zumindest in meinem Fall. Ich möchte studieren, um mich danach selbstständig zu machen, und dafür möchte ich im Studium die Freiheit haben, die Lehrveranstaltungen danach auszuwählen, was ich wirklich wissen möchte und muss. Als .... 3 .... brauche ich neue Ideen und kreative Ansätze. Bei einem dualen Studium befürchte ich, dass diese Dinge zu kurz kommen.

Ich finde es bedauerlich, dass wenige Studenten bereits zu Beginn ihres Studiums wissen, was sie später beruflich genau machen wollen. Immerhin studieren wir doch, um später Erfolg im Berufsleben zu haben. Wenn das Studium aber .... 4 .... , hat man gleich einen schwierigen Start. Man versucht zwar hier und da Schwerpunkte zu legen, aber ob das wirklich auf den späteren Beruf vorbereitet, sei dahingestellt. Im dualen Studium ist das meiner Ansicht nach besser gelöst. Hier weiß man von vornherein, welche Fachkenntnisse man später im Beruf braucht, und kann .... 5 .... darauf abstimmen. Ich weiß schon jetzt genau, wo ich später arbeiten werde, und kann mich dementsprechend darauf vorbereiten. Bei den meisten Mitstudierenden dauert es ziemlich lange, bis sie ihren Weg gefunden haben. Ich bin froh, dass ich dieses Problem nicht habe.

b Sie hören weitere Meinungen zum Thema. Vervollständigen Sie nun die erfragten Informationen in Stichpunkten. Hören Sie den Beitrag zweimal. 15

	Frage		Antwort
1	Was verlangen die Firmen heute zusätzlich zum Fachwissen?	a	
		b	
		c	
2	Warum sagen einige Personen, dass man sich mit einem dualen Studium zu sehr festlegt?	d	
		e	
3	Welche Nachteile kann das duale Studium für die Forschung haben?	f	
		g	
4	Welche Studiengänge eignen sich besonders für ein duales Studium?	h	
		i	
5	Welche Bestandteile gehören zum wissenschaftlichen Arbeiten?		*Literatur recherchieren*
		j	
		k	
		l	
6	Wer könnte vor allem vom dualen Studium profitieren?	m	

TIPP

Wenn Sie einen Teil der Höraufgabe nicht verstehen oder kurz unaufmerksam sind, lassen Sie sich nicht aus der Ruhe bringen! Meistens können Sie sich nach dem Hören noch an viele Details erinnern, welche Sie nicht notiert haben.

c Probieren Sie aus, an wie viel Sie sich noch erinnern können. Entscheiden Sie, ob die folgenden Aussagen richtig (+) oder falsch (–) sind, ohne auf Ihre Aufzeichnungen oder das Transkript zurückzugreifen.

		+	–
1	Das duale Studium erhöht die Chancen auf dem Arbeitsmarkt.	☐	☐
2	Trotz der Vergütung hat man keinen höheren Lebensstandard als andere Studierende.	☐	☐
3	Forschung und Lehre werden durch zu starken Praxisbezug behindert.	☐	☐
4	Das duale Studium eignet sich für jede Fachrichtung.	☐	☐
5	Wer finanzielle Sorgen hat, kann kein duales Studium aufnehmen.	☐	☐

d Vergleichen Sie Ihre Antworten mit den Hörtexten im Anhang und nehmen Sie ggf. Anpassungen vor.

e Berichten Sie unter Zuhilfenahme Ihrer Aufzeichnungen einer Partnerin / einem Partner in Form eines Kurzvortrags von den Vor- und Nachteilen des dualen Studiums.

3 Beispiele analysieren

16

a Sie hören die ersten beiden Abschnitte des Prüfungstextes und können parallel im Transkript mitlesen. Markieren Sie auf der Folie und im Transkript das Hinweiswort, welches auf die jeweilige Antwort verweist. Tragen Sie anschließend Ihre Antworten stichpunktartig in die rechte Spalte ein.

Fachdidaktikseminar

0 „…“

Thema heute:
„Literatur im Unterricht –
Deutsch als Fremdsprache“

Gastdozentin:
Dr. Vera Thürmer

Eigene Notizen

0 *Literatur lehren*

Meine Damen und Herren, ich darf Sie herzlich begrüßen zu unserem Fachdidaktikseminar „Literatur lehren“. Für heute habe ich eine externe Referentin eingeladen, Frau Dr. Vera Thürmer. Das Thema der heutigen Sitzung ist „Literatur im Unterricht – Deutsch als Fremdsprache“. Frau Dr. Thürmer ist die ideale Referentin zu diesem Thema, denn sie hat dazu ihre Dissertation geschrieben und schon so manchen Forschungsbeitrag verfasst. Bitte sehr, Frau Dr. Thürmer, wir sind sehr gespannt auf das, was Sie uns zu sagen haben.

Umfrageergebnisse
Stiftung Lesen
1 Zentrale Aussage: ...
Medienpädagogischer Forschungsverbund
2 Beruhigende Nachricht: ...

1 ....

....

....

2 ....

....

....

Vielen Dank, Herr Kollege, für die freundlichen Worte! Meine Damen und Herren, es ist erschreckend, was die *Stiftung Lesen* in ihrer Studie *Lesen in Deutschland* gemeldet hat. Die zentrale Aussage ist: Jeder Vierte liest keine Bücher. Damit wurde eine erneute Diskussion um die abnehmende Lesefreude und Lesekompetenz von Kindern und Jugendlichen angestoßen. Und auch die Klage vieler Lehrer über die zunehmende Leseunlust von Schülern war in den vergangenen Jahren kaum zu überhören: Literatur komme nicht mehr an im Unterricht, Lesen gelte bei Schülern als „uncool" und als nicht mehr zeitgemäß. Und nicht nur die *Stiftung Lesen* prognostiziert, dass Bücher angesichts der heutigen Medienvielfalt zurückgedrängt werden. Es gibt aber auch eine beruhigende Nachricht. Nach der Studie *Kinder und Medien* des Medienpädagogischen Forschungsverbunds werden Bücher weiterhin gelesen. Trotzdem: Während Fernsehen, Internet und Computerspiele bei den 6- bis 13-Jährigen hoch im Kurs stehen, rangiert das Lesen gerade einmal im Mittelfeld der liebsten Freizeitbeschäftigungen der Kinder und Jugendlichen.

TIPP

In der Prüfung erhalten Sie die Struktur des Vortrags in Form von Präsentationsfolien. Lesen Sie sich zuerst die Folien durch und analysieren Sie die Struktur des Vortrags. Welche Inhalte sind zu erwarten? Analysieren Sie dann die grammatischen Einheiten, die einzusetzen sind. Handelt es sich eventuell um Nomen, Adjektive, Verben oder anderes? Markieren Sie vor dem Hören Signalwörter. Dies sind Wörter, die auf den Folien meist direkt vor den Lücken stehen und Ihnen zeigen, dass der entsprechende Inhalt nun zu erwarten ist.

b Vergleichen Sie Ihre Lösungen mit den beiden folgenden Lösungsvorschlägen von zwei Prüfungskandidaten und die dazugehörigen Kommentare der Bewerterinnen / Bewerter.

Beispielantwort 1

1 *jeder 4. liest keine Bücher*

2 *weiterhin Bücher*

-> Es wird nicht deutlich, was mit dieser Notiz gemeint ist. Was passiert weiterhin mit Büchern?

Beispielantwort 2

1 *jeder Vierte liest keine Bücher*

2 *Bücher werden gelesen*

-> Hier fehlt eine wichtige Information: Zu welchem Zeitpunkt werden Bücher gelesen?

17 **c** Sie hören zwei weitere Abschnitte des Vortrags. Markieren Sie in den Beispielantworten richtige (+) und falsche bzw. nicht komplette (–) Antworten. Korrigieren oder ergänzen Sie die falschen Antworten.

IGLU
Internationale Grundschul-Lese-Untersuchung

Anregende Formen des Unterrichts:

3 • …
• …

„LitAfrika: Eine Lesesafari"

Übungsformen:

• Kreative Präsentationen, z. B.:

4 • …
• …

Neuer Rahmenplan „Deutsch als Fremdsprache"

Alte Methode

5 …

Neue Methode

6 …

	Beispielantwort 1	Beispielantwort 2
3	*Schreiben eigener Texte kreativ*	*Schreiben eigener Texte kreative Verbreitung des Gelesen*
4	*Lieder Stücke*	*Lieder Spiele*
5	*Alltagsinterpretation*	*Literatur-interpretation*
6	*Literatur im Mittelpunkt*	*kreatives Schreiben*

18 **d** Sie hören die letzten zwei Abschnitte des Textes. Tragen Sie Ihre Antworten stichwortartig in die freien Zeilen ein.

Kinder- und Jugendbuchmarkt

• Jährlich 6000 neue Kinder- und Jugendbücher
• Identifikationsthemen

7 • …
• …

• Unterrichtsideen, z. B.:

8 …

Eigene Notizen

7

8

Eigene Notizen

Textauswahl für den Einsatz im Unterricht	
• Texte, die gut verständlich sind, dabei aber	
9 ...	**9**
• Enzensberger: „Lektüre ist ein anarchischer Akt.“	
Eher trifft aber zu:	
10 ...	**10**

e Vergleichen Sie Ihre Lösungen mit den beiden Beispiellösungen. Welche Unterschiede stellen Sie fest? Wie würden Sie die Beispielantworten bewerten? Welche Fehler fallen Ihnen auf? Überprüfen Sie abschließend Ihre Bewertung mit den Bewertungskommentaren im Lösungsteil.

	Beispielantwort 1		Beispielantwort 2
7	*Familie*	**7**	*erste Liebe*
	Freundschaft		*Freundschaft*
8	*Hauptfigur schreibt*	**8**	*Brief schreiben*
9	*lustig*	**9**	*doppelsinnig*
10	*Leser ist selbst*	**10**	*Autonomie des Lesers*

Wichtige Tipps zum Hörverstehen, Teil 3

Sie können Informationen aus dem Hörtext durchaus auch wörtlich übernehmen. Verlieren Sie keine Zeit, indem Sie sich sprachlich besonders anspruchsvolle Formulierungen ausdenken!

Achten Sie auf die Signalwörter! Sie markieren den Beginn der Antwort.

Achten Sie unbedingt auf die Zeile, in die Sie schreiben. Wenn Sie aus Versehen in die falsche Zeile schreiben, zählen Ihre Antworten nicht.

Werden Sie nicht unruhig, wenn Sie eine für die Antwort wichtige Information verpasst haben. Bleiben Sie konzentriert, bringen Sie die Aufgabe zu Ende und wenden sich dann noch einmal der offen gebliebenen Lücke zu.

Achten Sie bei der Aufgabe sehr genau darauf, ob ein Beispiel für etwas oder ein zusammenfassender Begriff verlangt wird.

19

4 Prüfungsaufgabe: Hörverstehen, Teil 3

Sie hören einen Vortrag. Sie hören den Vortrag nur einmal. Sie haben Handzettel mit den Folien der Präsentation erhalten. Schreiben Sie die fehlenden Informationen **stichwortartig** in die freien Zeilen 1–10 in der rechten Spalte. Die Lösung 0 ist ein Beispiel.

Lesen Sie jetzt die Stichworte. Sie haben dazu eine Minute Zeit.

Folie	Lösung
Vortragende Frau Marjam Wallner beschäftigt sich mit Hochschuldidaktik Thema: **0** „…“	**0** *Begleitetes Selbststudium*
Begriff **„Selbststudium“** drei Typen: **1** … **2** … begleitetes Selbststudium	**1** …………… **2** ……………
Dritter Typ: **begleitetes Selbststudium** Wesentliche Merkmale: Lernaktivitäten werden **3** … und **4** …	**3** …………… **4** ……………

Schulung – gehört zu den Aufgaben der Lehrenden

Grundvoraussetzung zum Selbstlernen:

5 ...

5 ....

Arbeitsaufträge:

- konkrete Aufgabenstellung
- Bezug zu späterer Tätigkeit

motivierend durch:

6 ...

zusätzlich:

7 ...

6 ....

7 ....

Defiziten und Fehlern entgegenwirken

Forderung an die Dozenten:

8 ...

und

9 ...

8 ....

9 ....

Angestrebtes Ziel des begleiteten Selbststudiums:

10 ...

10 ....

Im Prüfungsteil Schriftlicher Ausdruck sollen Sie einen Text schreiben, in dem Sie systematisch Argumente zu einem Thema darlegen. Sie können aus zwei vorgegebenen Themen auswählen, welches Sie bearbeiten wollen. Überlegen Sie vor dem Schreiben, zu welchem der beiden Themen Sie mehr Ideen haben. Zwei Aussagen in Form von Zitaten, die gegensätzliche Meinungen zu dem jeweiligen Thema widerspiegeln, helfen Ihnen, in Ihrem Text gegensätzliche Ansätze zu bearbeiten. Zur Unterstützung können Sie auf die Zitate Bezug nehmen. Verstehen Sie diese aber vor allem als Anregung, das Thema von mehreren Seiten zu erörtern.

Ein argumentativer Text besteht aus drei Teilen: einer Einleitung, einem Hauptteil und einem Schluss.

Beim Schriftlichen Ausdruck sollen Sie zeigen, dass Sie korrekte Texte auf hohem Niveau verfassen können, die komplexe Satzstrukturen (z. B. anspruchsvollere Nebensätze) und einen breit gefächerten Wortschatz aufweisen. Dabei ist für die Bewertung besonders relevant, dass das jeweilige Thema inhaltlich ausreichend und differenziert behandelt wird.

Sie haben 70 Minuten Zeit, um einen Text von ungefähr 350 Wörtern zu schreiben. Daher gilt es, die Zeit effektiv zu nutzen. Überlegen Sie nicht zu lange und halten Sie sich nicht mit allzu ausführlichen Notizen auf. Es ist dringend davon abzuraten, den Text zuerst vorzuschreiben und dann noch einmal abzuschreiben.

Bewertung: 48 Punkte (Bewertung nach den vier Kriterien Aufgabengerechtheit, Korrektheit, Repertoire und Kommunikative Gestaltung, siehe Bewertungskriterien, S. 106)

Zeit: 70 Minuten

1 Einleitung

Das Ziel der Einleitung ist es, zum Thema hinzuführen und den Leser auf das Thema neugierig zu machen. Lediglich zu schreiben, dass man einen Text über das Thema „x" verfassen möchte, weil man es interessant findet, ist wenig ansprechend und zeigt, dass Sie sich nicht ausreichend mit der Aufgabenstellung auseinandergesetzt haben. Um einen gelungenen Einstieg in ein Thema zu finden, können Sie unterschiedliche Aufhänger benutzen. Dies kann zum Beispiel eine Behauptung, eine Entscheidungsfrage, eine Empfehlung, eine Forderung oder ein aktueller Bezug sein.

Beispiele:

Behauptung:	*Das ständige Schreiben von SMS führt zur Verkümmerung des Wortschatzes.*
Entscheidungsfrage:	*Sollte die Nutzung von Handys in Schulen grundsätzlich verboten oder zumindest teilweise erlaubt werden?*
Empfehlung:	*Blickkontakt sollte je nach Kultur unterschiedlich lange gehalten werden.*
Forderung:	*Das Duzen sollte generell in Unternehmen eingeführt werden.*
Aktueller Bezug:	*Laut einer aktuellen Studie ist fast jeder zehnte Smartphone-Besitzer suchtgefährdet.*

a Ordnen Sie den folgenden einleitenden Sätzen ihre Funktion (Behauptung, Entscheidungsfrage, Empfehlung, Forderung, aktueller Bezug) zu.

1 Beim Smalltalk sollten kritische Themen vermieden werden. ……………………

2 In den Schulen muss wieder mehr gelesen werden. ……………………

3 Kommunikationsstörungen entstehen durch unterschiedliche Erwartungen der Gesprächsteilnehmenden. ……………………

4 In den vergangenen Monaten wurde häufig über den Verfall der deutschen Sprache berichtet. ……………………

5 Sollen Kinder bereits im Kindergarten die erste Fremdsprache lernen? ……………………

b Formulieren Sie eigene einleitende Sätze zum Thema „Gruppenarbeit".

1 Behauptung: ……………………

2 Entscheidungsfrage: ……………………

3 Empfehlung: ……………………

4 Forderung: ……………………

5 Aktueller Bezug: ……………………

TIPP

Beziehen Sie in Ihrer Einleitung unbedingt die Aufgabenstellung mit ein! Lesen Sie die Aufgabe dazu genau und überlegen Sie, was Sie davon in Ihre Einleitung integrieren können.

Nachdem Sie einen Aufhänger formuliert und somit das Interesse des Lesers geweckt haben, nennen Sie die zentrale Fragestellung bzw. These Ihres Textes. Im Anschluss sollten Sie kurz die weitere Vorgehensweise innerhalb des Textes erklären. Die folgenden Redemittel helfen Ihnen dabei.

REDEMITTEL

Aufhänger
Heutzutage/Zurzeit wird kontrovers über ... diskutiert.
In den vergangenen Tagen/Wochen wurde häufig über ... diskutiert.
Laut einer aktuellen Studie ...
Sollen ... oder nicht?

Fragestellung
In dieser Situation stellt sich die Frage, ob es nicht besser wäre, wenn ...
In diesem Zusammenhang / In diesem Kontext / Daher taucht immer wieder die Frage auf, ob ...
Daraus ergibt sich die Frage ...
Dies führt zu der Frage ...

Weiteres Vorgehen nennen
Der folgende Text soll ...
Im Folgenden soll (gezeigt/erörtert/diskutiert werden) ...
Zu Beginn/Zunächst wird ... Im Anschluss daran ... Abschließend ...

c Lesen Sie die Einleitungen von zwei Prüfungskandidaten als Beispiele. Analysieren Sie: Was wird in den beiden Texten als Aufhänger genutzt? Unterstreichen Sie die Fragestellung des Textes. Wird das weitere Vorgehen geklärt?

TIPP

Achtung! Die hier abgedruckten Texte sind authentische Beispiele und somit nicht perfekt; sie enthalten sowohl sprachliche als auch inhaltliche Fehler. Sie können die Texte und die Bewertung als Orientierung dafür nutzen, wie Texte bewertet werden und um Ihr eigenes Niveau einzuschätzen. Sie sollten sie aber nicht als „Muster" für andere Aufsätze verwenden, denn jeder Text ist anders!

Textbeispiel 1

In unserem Seminar gibt es verschiedene Formen, wie wir unsere Arbeit organisieren können. Heutzutage ist die Teamarbeit eine beliebte Arbeitsmodell. Was ist Teamarbeit? Das ist eine Form von Arbeit, wenn man mit mehreren Leuten zusammen etwas macht, um das gemeinsame Ziel zu erreichen. ist das die optimale Arbeitsart? Führt Teamarbeit immer zum Erfolg oder verlangsamt die vielleicht den Arbeitsprozess, weil zu lange über alles diskutiert wird? Im folgenden Text werde ich diesen Fragen nachgehen.

Textbeispiel 2

Teamarbeit!? Was versteht man, wenn man das Wort „Teamarbeit" hört? „Teamarbeit" bedeutet eine Arbeit, die in der bestimmten Gruppe gemacht wird. Die Fachleute einer Firma arbeiten zusammen um eine Frage zulösen.

d Schreiben Sie nun auf ein Blatt Papier eine eigene Einleitung zum Thema „Gruppenarbeit". Verwenden Sie einen Aufhänger, wecken Sie das Interesse des Lesers und erläutern Sie das weitere Vorgehen. Nutzen Sie hierzu die Redemittel im Kasten oben.

2 Hauptteil

Im Hauptteil geht es nun darum, das Thema mithilfe einer schlüssigen Argumentation aus verschiedenen Blickwinkeln zu beleuchten. Dabei ist es wichtig, Argumente strukturiert darzustellen und diese zu begründen. Für den Aufbau lassen sich zwei geläufige Vorgehensweisen unterscheiden: Es können entweder zunächst alle negativen Argumente und im Anschluss alle positiven Argumente aufgezeigt werden oder abwechselnd je ein positives und ein negatives Argument. Sie können sich beim Aufbau des Hauptteils an diesen Vorgehensweisen orientieren, müssen sie aber nicht zwingend anwenden. Wichtig ist allerdings, dass Ihr Text einen „roten Faden" aufweist.

Eine Argumentation besteht aus einer These, einem Argument und einem Beispiel.
Ein argumentativer Text setzt sich aus einer Kette von Argumentationen zusammen.

These
Eine These stellt eine Behauptung, eine Forderung oder eine Bewertung dar.
Die These gilt in der Regel als wahr.

Beispiel:
„Kommunikation ist erlernbar."

Argument
Es gibt verschiedene Arten von Argumenten, die Sie in Ihrem Text verwenden und variieren können. Diese Argumente begründen und unterstützen die eingangs genannte These.

Beispiel
Es ist wichtig, die Argumente zu belegen, am besten durch ein oder mehrere Beispiele zur Verdeutlichung. Abschließend sollten Sie eine Schlussfolgerung aus den genannten Argumenten und Beispielen ziehen.

a Ordnen Sie die verschiedenen Arten von Argumenten den Definitionen zu.

1 indirektes Argument • 2 Faktenargument • 3 Logikargument • 4 Autoritätsargument • 5 Wertargument

a ☐ Aussagen bekannter Experten eines Fachgebiets werden hier verwendet.

b ☐ Dieses bezieht sich auf anerkannte moralische oder gesellschaftliche Werte und Normen.

c ☐ Es werden Tatsachen zur Argumentation genutzt, die entweder eigene Erfahrungen sein können oder aus Statistiken, Studien oder Zeitungen stammen.

d ☐ Hierbei wird ein „gegnerisches" Argument entkräftet.

e ☐ Darunter versteht man eine logische Schlussfolgerung.

TIPP

Sammeln Sie vor dem Schreiben zunächst stichwortartig Pro- und Kontra-Argumente, um Ihre Überlegungen zu stützen. Die beiden Zitate, die in der Aufgabenstellung genannt werden, können Ihnen erste Ideen für Pro- und Kontra-Argumente geben: Was spricht für einen bestimmten Sachverhalt und was dagegen?
Nachdem Sie sich Argumente zu der Fragestellung überlegt haben, sollten Sie diese hierarchisieren. Dabei kommt es darauf an, welche Position Sie letztlich selbst beziehen werden. Sprechen Sie sich beispielsweise für den Sachverhalt aus, dann beginnen Sie mit dem stärksten Kontra-Argument. Für die Pro-Argumente gilt umgekehrt: Beginnen Sie mit dem schwächsten und enden Sie mit dem stärksten.

b Wo finden Sie in den folgenden Abschnitten die These, das Argument und das Beispiel? Die Reihenfolge kann variieren.

1 Laut einer Studie kommt es bei einer ständigen Nutzung von mobilen Geräten häufig zu Entwicklungsstörungen, wie etwa Konzentrationsstörungen. Zu viel Smartphone-Nutzung kann Kinder krank machen.

2 Manche argumentieren, dass unsere Sprache durch die Verwendung in den neuen Medien kreativer wird. Abkürzungen und Smileys in Kurznachrichten lassen uns Dinge kommunizieren, die wir nur mit Worten nicht benennen können. Denn mithilfe von Emoticons lassen sich Gefühle ausdrücken und dies kann die Sprache bereichern.

3 Viele Spiegelübersetzungen aus anderen Sprachen zeigen das Verständnis von der Welt. So bedeutet das ungarische Wort für *Wolke* „warme Luft, die nach oben steigt". Sprachliche Unterschiede lassen uns die Welt unterschiedlich ordnen und geben die Möglichkeit, anders auf die Welt zu schauen. Mit jeder neu gelernten Sprache erwirbt man eine neue Seele.

4 Man kann nicht nicht kommunizieren. Wenn ein Redner schweißgebadet ist und rote Flecken bekommt, noch bevor er etwas geäußert hat, signalisiert dies seine Aufregung vor der Rede. So zählen neuesten Studien zufolge Erröten und Schwitzen eindeutig zu den nonverbalen Kommunikationssignalen, die interkulturell zweifelsfrei verstanden werden.

c Bringen Sie die folgenden Argumente in eine Reihenfolge. Beginnen Sie mit dem schwächsten und enden Sie mit dem stärksten Argument.

1. These:

„Ein Mann, ein Wort – eine Frau, ein Wörterbuch."

a ☐ Amerikanische Wissenschaftler haben herausgefunden, dass Frauen durchschnittlich 20 000 Wörter am Tag, Männer hingegen 7000 Wörter sprechen.

b ☐ Ein Argument dafür ist, dass Frauen ihre Emotionen angeblich deutlicher wahrnehmen als Männer und auch darüber sprechen müssen.

c ☐ Das lässt sich aus unserer Evolution ableiten. Männer mussten auf der Jagd kurz, exakt und präzise miteinander kommunizieren, während Frauen verantwortlich für den sozialen Zusammenhalt der Gemeinschaft waren und zum Beispiel Kompromisse aushandeln mussten.

2. These:

„Im Deutschen lügt man, wenn man höflich ist." *(Johann Wolfgang von Goethe)*

a ☐ Die Deutschen sind dafür bekannt, in ihrer Kommunikation sehr direkt und ehrlich zu sein. Dies darf man aber nicht mit Unhöflichkeit verwechseln.

b ☐ In vielen Kulturen ist Gesichtsverlust eine Demütigung. Verschiedene soziolinguistische Studien haben bereits zu dem Thema geforscht und zeigen, dass Höflichkeit vor Gesichtsverlust bewahrt.

c ☐ Höflichkeit verändert nach meiner Erfahrung nicht den Inhalt von dem was ich sage, sondern nur die Form. Eine Kritik bleibt immer eine Kritik.

d Lesen Sie nun die Textbeispiele 1 und 2, zu denen Sie bereits die Einleitungen in Aufgabe 1c gelesen haben, und markieren Sie die Thesen, Argumente und Beispiele.

Textbeispiel 1

Manche Leute denken, dass Gruppenarbeit nur Zeit kostet, weil genau das passiert: In der Gruppe kommt es zu ewigen Diskussionen, ganz oft ohne Ergebnissen. Wenn man mit den anderen Menschen arbeitet, muss man natürlich auch ihre Meinung hören und nicht nur seine eigene ideen entwickeln. Und damit alle in der Gruppe ihre Stellung zu einer Aufgabe äußern können, braucht man Zeit. Also, kann der Prozess langsamer werden. Andererseits, kann man dann auch eine bessere Lösung finden. Da es mehrere Leute gibt, die an einer Aufgabe arbeiten, gibt es auch mehr Möglichkeiten in der Arbeit. Man hat den Auswahl und kann den besten Weg finden. Ist doch klar, dass bei der Teamarbeit nicht „jeder Einzelne", sondern alle zusammen am wichtigsten ist.

Teamarbeit ist aber leider nicht immer erfolgreich. Es gibt Menschen, die im Team einfach nicht arbeiten können. Sie akzeptieren die Meinungen der anderen nicht und möchten alles selbst entscheiden. Das führt natürlich zum Streit. Und wenn es in der Arbeitsgruppe Streit gibt, kann man über Erfolg nur träumen. Wie gesagt, in der Teamarbeit geht es um ein Team. Obwohl wir alle Individualisten sind, sollen wir manchmal dieses Gefühl siegen. Wir sollen verstehen, dass andere Menschen auch ihre Meinung haben und können sogar eine bessere Idee wie die eigene produzieren. Am ersten Platz steht doch das Ziel, das erreicht werden muss, und nicht die Ambitionen jedes Einzelnen. Deshalb wenn man nicht damit ruhig leben kann, soll man am besten allein arbeiten.

Für die jenigen aber, die es normal finden, nicht immer am Top zu bleiben und die anderen auch dorthin lassen, ist die Teamarbeit eine gute Alternative. Sie haben immer die Möglichkeit, sich zu äußern, und gleichzeitig den anderen Studenten zu zuhören. D.h. allen bringen Ihre Kenntnissen ein und so lernen sie einer von anderen. Wir könnten auch darüber sprechen, dass nicht für jeden Beruf Teamarbeit die beste Lösung ist. Aber wenn wir übers Studium sprechen, dann bin ich für Teamarbeit. In einer Gruppe arbeitend, können Studenten einander helfen, und nicht nur das Material zu lernen. Sie lernen auch an einer Diskussion teilzunehmen, ihre Meinung zu begründen und ihre Fehler zu zugeben. Und das ist die Erfahrung, die man im Alltag braucht. Sogar mehr als irgendwelche Formulare und Definitionen.

Abschließend möchte ich meine eigene Meinung sagen. Ich denke, dass in einer Gruppenarbeit arbeiten für manche Personen funktionieren kann. Allerdings, gibt es auch Leute, die mit anderen Leute nicht arbeiten können. Diese Leute geben bessere Ergebnisse, ob sie alleine arbeiten. Sie brauchen ihren Platz und sie denken besser, wenn sie ihre Ruhe haben und nicht von anderen gestört werden. Für unsere Seminar halte ich Teamarbeit aber für eine gute Lösung. So wir bekommen viele Einfälle und bestimmt gute Ergebnisse.
(522 Wörter)

Textbeispiel 2

Man kann sagen, dass die Teamarbeit schon in der Steinzeit bekannt war. Wären die Urleute nicht zusammen jagen gegangen, hätten sie nichts zum essen. Und in Teamarbeit wurde es viel leichter zu machen.

Meiner Meinung nach genau das braucht heutzutage eine moderne Firma um das Ziel zu erreichen, um größer Kraft zu bekommen. Ich bin der Meinung, dass Teamarbeit sogar Zeit sparen kann. Wenn die Leute im Team arbeiten, bekommen sie mehr Ideen in kürzerer Zeit.

Als, wenn jeder Mitarbeiter, jede Mitarbeiterin, der(die) für seine (ihre) Arbeit verantwortlich ist, muss einen Vortrag halten. Natürlich kann im Team ein Hauptführer sein, der sich für eine strategische Frage entscheiden kann.

Wenn die Kollegen eine Sache zusammenführen, wird es leichter für einen eine Pause machen, in den Urlaub gehen. Wenn man zum Beispiel ein Gesundheitproblem hat. Falls jemand nach ein gutes „Teamarbeit" Beispiel sucht, kann seine Aufmerksamkeit auf „Apple Inc." umdrehen. Diese Firma hat vieles Erfolg mit der Teamarbeit erreicht. Sogar während die Pause, die der Chef grade macht, werden die Mitarbeiter alles was sie für dieses Jahr geplant haben erreichen.

Als Nachteil sehe ich nur das, dass die Firma mehr ausgeben muss um gutes Team aufzubauen, aber wenn das Unternehmen große Einkommen bekommt, kann es weiter gut funktionieren.

Je mehr das Unternehmen profitieren kann, desto mehr Geld die Mitarbeiter bekommen. Größer Löhne bedeuten, dass die Leute sich mehr für die Arbeit motivieren.
(262 Wörter)

e Ergänzen Sie nun Ihre eigene Einleitung um den Hauptteil. Suchen Sie eigene Argumente zum Thema „Gruppenarbeit". Stützen Sie Ihre Argumentation mit Beispielen und verknüpfen Sie Ihre Gedanken miteinander, um Verbindungen im Text herzustellen. Die folgenden Redemittel helfen Ihnen dabei.

REDEMITTEL

Pro-Argumente
Der / Ein Vorteil von ... ist ...
Um diese Einschätzung zu stützen / untermauern, können folgende Argumente angeführt werden: ...
Befürworter dieser Ansicht bedienen sich häufig der folgenden Argumente: ...
Einer der wichtigsten Gründe, der für ... spricht, ist ...
Befürworter sind überzeugt, dass ...

Kontra-Argumente
Gegen diese Argumentation ist allerdings einzuwenden, dass ...
Ein Nachteil von ... ist ...
Gegen diese Argumentation spricht, dass ...
Doch auch die Gegenargumente dürfen nicht unerwähnt bleiben.
Dieses Argument lässt sich durch ... widerlegen.
Dagegen spricht, dass...
Viele lehnen ... ab, weil ...
Der wichtigste Einwand bezieht sich auf ...
Kritiker sind überzeugt, dass ...

Ein Argument durch Beispiele stützen
Dafür lassen sich viele Beispiele nennen, wie ...
Ein (gutes / anschauliches / einleuchtendes) Beispiel dafür ist ...
Dies wird an folgendem Beispiel deutlich.
Dies möchte ich an einem / folgendem Beispiel verdeutlichen: ...

3 Schluss

TIPP

Um einen gelungenen Schluss zu schreiben, sollten Sie das Ergebnis Ihrer Argumentation des Hauptteils noch einmal kurz zusammenfassen und mit einem eigenen Urteil abschließen. Dabei sollten Sie es vermeiden, den Hauptteil einfach nur zu wiederholen.

Folgende Möglichkeiten haben Sie, um den Schluss zu schreiben: Beginnen Sie mit einem Fazit, also einer kurzen Zusammenfassung in Bezug auf die Fragestellung. Achten Sie auch darauf, abschließend Stellung zu dem Thema zu beziehen, Ihre eigene Meinung zu äußern und diese zu begründen. Ihren Schlussteil können Sie auf unterschiedliche Art abrunden. So können Sie einen Appell formulieren, in dem Sie darlegen, warum die Problemstellung und deren Lösung wichtig sind. Sie können auch einen Ausblick geben und schildern, wie sich die Thematik möglicherweise in Zukunft weiterentwickeln wird. Auch mit einer Darstellung von Lösungsvorschlägen können Sie den Schlussteil vervollständigen.

a Lesen Sie die Textbeispiele 1 und 2 in Aufgabe 2d erneut. Welche Redemittel werden genutzt, um den eigenen Standpunkt darzulegen und ein Fazit zu ziehen?

b Formulieren Sie nun ein Fazit zu Ihrem Text. Die folgenden Redemittel helfen Ihnen dabei.

REDEMITTEL

Ein Fazit formulieren
Um abschließend zur Ausgangsfrage zurückzukommen: ...
Alles in allem zeigt sich, dass ...
Betrachtet man die Argumente, muss man zum Schluss kommen, dass ...
Ich sehe auf beiden Seiten wichtige Argumente. Deshalb komme ich zu dem Ergebnis, dass ...

c Ordnen Sie zu. Welche der folgenden Aussagen drücken Zustimmung, welche Ablehnung oder Unentschlossenheit aus?

In diesem Punkt bin ich unschlüssig. • Ich finde diese Aussage unlogisch. • Die Argumentation finde ich stimmig. • Die Aussage finde ich zweifelhaft. • Diese Aussage bringt es auf den Punkt. • Das spiegelt meine Auffassung wider. • Das muss man differenzierter betrachten. • Zu diesem Punkt kann ich nicht klar Stellung beziehen.

Zustimmung	Ablehnung	Unentschlossenheit

d Äußern Sie Ihre Zustimmung, Ablehnung oder Unentschlossenheit zu folgenden Aussagen in einem zusammenhängenden Satz.

> Kommunikation ist erlernbar. • Kleinkinder sollten nicht mit dem Smartphone spielen dürfen. • Kinder sollten bereits im Kindergarten die erste Fremdsprache lernen. • In SMS sollte man auf Abkürzungen verzichten. • Gestik und Mimik sind entscheidend für eine gelungene Kommunikation.

e Lesen Sie die folgenden Meinungsäußerungen. Welche drückt eine Ablehnung (A), eine teilweise Zustimmung (tZ), eine überwiegende Zustimmung (üZ) und eine Zustimmung (Z) aus?

1 ☐ Auch wenn ich die Meinung des Autors grundsätzlich nicht teilen kann, so stimme ich ihm doch in folgendem Punkt zu: Kommunikation sollte ehrlich sein. Dennoch bin ich der Meinung, dass Ehrlichkeit nicht in jeder Situation zum Erfolg führt. Ich finde, man sollte dies differenzierter betrachten.

2 ☐ Eigentlich kann ich mich so nicht hinter diese Äußerung des Autors stellen. Ich stimme ihm aber in dem Punkt zu, dass es wichtig ist, sich in der interkulturellen Kommunikation auf die Gepflogenheiten des Gegenübers einzustellen. Ebenso halte ich es für richtig, dass beide Gesprächspartner zu einem Gelingen der Kommunikation beitragen.

3 ☐ Dem Zitat kann ich nur widersprechen. Kommunikation ist nur bedingt erlernbar. Viele Dinge laufen unbewusst ab und können auch nicht trainiert werden.

4 ☐ Die Aussage des Autors spiegelt auch meine Auffassung wider. Dem Punkt, dass Kommunikation erlernbar ist und auch erlernt werden sollte, kann ich nur zustimmen. Das Argument bringt es auf den Punkt.

f Formulieren Sie nun Ihre eigene Meinung zum Thema „Gruppenarbeit". Die folgenden Redemittel helfen Ihnen dabei.

REDEMITTEL

Die eigene Meinung darlegen

Ich bin der Auffassung, dass ...	Meiner Meinung nach ...
Ich bin davon überzeugt, dass ...	Ich vertrete den Standpunkt, dass ...
Ich bin mir unsicher, ob ...	Ich bezweifle, dass ...

g Formulieren Sie abschließend einen Appell und einen Lösungsvorschlag und geben Sie einen Ausblick zum Thema „Gruppenarbeit".

Appell: ....

Lösungsvorschlag: ....

Ausblick: ....

h Führen Sie nun Ihre einzelnen Elemente (Fazit, eigene Meinung, Appell / Lösungsvorschlag/Ausblick) zu einem zusammenhängenden und logischen Schluss zusammen. Überlegen Sie sich eine schlüssige Reihenfolge und fügen Sie ggf. Verknüpfungselemente ein.

4 Beispiele analysieren

a Lesen Sie die folgenden beiden Beispieltexte einmal komplett. Lesen Sie auch die Bewertungen und Kommentare dazu. Suchen Sie in den Schreibleistungen der beiden Prüfungskandidaten, wo die in den Kommentaren besprochenen Punkte im Text vorkommen.

TIPP

Schauen Sie sich die Bewertungskriterien zum Schriftlichen Ausdruck auf S. 106 genau an. Nach diesen vier Kriterien werden Ihre Schreibleistungen des Schriftlichen Ausdrucks bewertet.

Aufgabe:

In einem Seminar an Ihrer Universität sollen Sie Ihre Haltung zum Thema **„Gruppenarbeit“** reflektieren. Greifen Sie die unten genannten Zitate auf, berücksichtigen Sie auch Ihre eigenen Erfahrungen und legen Sie Vor- und Nachteile verschiedener Positionen dar. Fassen Sie Ihre Ergebnisse zusammen.

„Gruppenarbeit kostet doch nur Zeit, weil man alles ausdiskutieren muss.“

„Teamarbeit bietet dem Einzelnen viel mehr Möglichkeiten.“

Textbeispiel 1

In unserem Seminar gibt es verschiedene Formen, wie wir unsere Arbeit organisieren können. Heutzutage ist die Teamarbeit eine beliebte Arbeitsmodell. Was ist Teamarbeit? Das ist eine Form von Arbeit, wenn man mit mehreren Leuten zusammen etwas macht, um das gemeinsame Ziel zu erreichen. ist das die optimale Arbeitsart? Führt Teamarbeit immer zum Erfolg oder verlangsamt die vielleicht den Arbeitsprozess, weil zu lange über alles diskutiert wird?
Im folgenden Text werde ich diesen Fragen nachgehen.

Manche Leute denken, dass Gruppenarbeit nur Zeit kostet, weil genau das passiert: In der Gruppe kommt es zu ewigen Diskussionen, ganz oft ohne Ergebnissen. Wenn man mit den anderen Menschen arbeitet, muss man natürlich auch ihre Meinung hören und nicht nur seine eigene ideen entwickeln. Und damit alle in der Gruppe ihre Stellung zu einer Aufgabe äußern können, braucht man Zeit. Also, kann der Prozess langsamer werden. Andererseits, kann man dann auch eine bessere Lösung finden. Da es mehrere Leute gibt, die an einer Aufgabe arbeiten, gibt es auch mehr Möglichkeiten in der Arbeit. Man hat den Auswahl und kann den besten Weg finden. Ist doch klar, dass bei der Teamarbeit nicht „jeder Einzelne“, sondern alle zusammen am wichtigsten ist.

Teamarbeit ist aber leider nicht immer erfolgreich. Es gibt Menschen, die im Team einfach nicht arbeiten können. Sie akzeptieren die Meinungen der anderen nicht und möchten alles selbst entscheiden. Das führt natürlich zum Streit. Und wenn es in der Arbeitsgruppe Streit gibt, kann man über Erfolg nur träumen. Wie gesagt, in der Teamarbeit geht es um ein Team. Obwohl wir alle Individualisten sind, sollen wir manchmal dieses Gefühl siegen. Wir sollen verstehen, dass andere Menschen auch ihre Meinung haben und können sogar eine bessere Idee wie die eigene produzieren. Am ersten Platz steht doch das Ziel, das erreicht werden muss, und nicht die Ambitionen jedes Einzelnen. Deshalb wenn man nicht damit ruhig leben kann, soll man am besten allein arbeiten.

Für die jenigen aber, die es normal finden, nicht immer am Top zu bleiben und die anderen auch dorthin lassen, ist die Teamarbeit eine gute Alternative. Sie haben immer die Möglichkeit, sich zu äußern, und gleichzeitig den anderen Studenten zu zuhören. D. h. allen bringen Ihre Kenntnissen ein und so lernen sie einer von anderen. Wir könnten auch darüber sprechen, dass nicht für jeden Beruf Teamarbeit die beste Lösung ist. Aber wenn wir übers Studium sprechen, dann bin ich für Teamarbeit. In einer Gruppe arbeitend, können Studenten einander helfen, und nicht nur das Material zu lernen. Sie lernen auch an einer Diskussion teilzunehmen, ihre Meinung zu begründen und ihre Fehler zu zugeben. Und das ist die Erfahrung, die man im Alltag braucht. Sogar mehr als irgendwelche Formulare und Definitionen.

Abschließend möchte ich meine eigene Meinung sagen. Ich denke, dass in einer Gruppenarbeit arbeiten für manche Personen funktionieren kann. Allerdings, gibt es auch Leute, die mit anderen Leute nicht arbeiten können. Diese Leute geben bessere Ergebnisse, ob sie alleine arbeiten. Sie brauchen ihren Platz und sie denken besser, wenn sie ihre Ruhe haben und nicht von anderen gestört werden. Für unsere Seminar halte ich Teamarbeit aber für eine gute Lösung. So wir bekommen viele Einfälle und bestimmt gute Ergebnisse.
(522 Wörter)

Bewertung von Textbeispiel 1

Kriterium 1 (Aufgabengerechtheit): B

Der Text entspricht weitgehend den Anforderungen der Aufgabe und ist im Allgemeinen adressaten- und situationsgerecht. Er ist ausführlich genug, die Makrostruktur (Einleitung – Hauptteil – Schluss) ist formal größtenteils angemessen. Ein roter Faden im Text ist erkennbar. Es werden Vor- und Nachteile von Gruppenarbeit genannt.

Kriterium 2 (Korrektheit): C

Der Text weist eine Reihe deutlicher Fehler auf. Gerade in der Syntax sind auch in einfachen Strukturen mehrere Fehler vorhanden.

Kriterium 3 (Repertoire): B

Das Thema ist ein sogenanntes Alltagsthema, mit einem sehr alltäglichen Wortschatz. Der Kandidat verfügt über einen adäquaten Wortschatz, jedoch sind einige Wiederholungen vorhanden (z. B. *es gibt, Leute, Menschen, arbeiten*) und ist an einigen Stellen zu umgangssprachlich (*Ist doch klar).* Der Wortschatz ist an vielen Stellen nicht komplex genug bzw. unpräzise: *Arbeitsart* (statt *Arbeitsform*), *Stellung* (statt *Meinung*), *am ersten Platz, sollen wir manchmal dieses Gefühl siegen, am Top zu bleiben, geben bessere Ergebnisse* u. a. Neben komplexeren Satzstrukturen finden sich auch vermehrt einfache Strukturen.

Kriterium 4 (Kommunikative Gestaltung): B

Auf der Mikroebene ist der Text weitestgehend kohärent und zeigt ein größeres Spektrum an Verknüpfungsmitteln, wenn auch an etlichen Stellen nur sehr einfache, selten auch unpassende Konnektoren (*wie* statt *als*, *ob* statt *wenn*) oder unklare Bezüge *(Es ist auch nicht so)*. Insgesamt ist ein B noch vertretbar.

Textbeispiel 2

Teamarbeit!? Was versteht man, wenn man das Wort „Teamarbeit" hört? „Teamarbeit" bedeutet eine Arbeit, die in der bestimmten Gruppe gemacht wird. Die Fachleute einer Firma arbeiten zusammen um eine Frage zulösen.

Man kann sagen, dass die Teamarbeit schon in der Steinzeit bekannt war. Wären die Urleute nicht zusammen jagen gegangen, hätten sie nichts zum essen. Und in Teamarbeit wurde es viel leichter zu machen.

Meiner Meinung nach genau das braucht heutzutage eine moderne Firma um das Ziel zu erreichen, um größer Kraft zu bekommen. Ich bin der Meinung, dass Teamarbeit sogar Zeit sparen kann. Wenn die Leute im Team arbeiten, bekommen sie mehr Ideen in kürzerer Zeit. Als, wenn jeder Mitarbeiter, jede Mitarbeiterin, der(die) für seine (ihre) Arbeit verantwortlich ist, muss einen Vortrag halten. Natürlich kann im Team ein Hauptführer sein, der sich für eine strategische Frage entscheiden kann.

Wenn die Kollegen eine Sache zusammenführen, wird es leichter für einen eine Pause machen, in den Urlaub gehen. Wenn man zum Beispiel ein Gesundheitproblem hat. Falls jemand nach ein gutes „Teamarbeit" Beispiel sucht, kann seine Aufmerksamkeit auf „Apple Inc." umdrehen. Diese Firma hat vieles Erfolg mit der Teamarbeit erreicht. Sogar während die Pause, die der Chef grade macht, werden die Mitarbeiter alles was sie für dieses Jahr geplant haben erreichen.

Als Nachteil sehe ich nur das, dass die Firma mehr ausgeben muss um gutes Team aufzubauen, aber wenn das Unternehmen große Einkommen bekommt, kann es weiter gut funktionieren.

Je mehr das Unternehmen profitieren kann, desto mehr Geld die Mitarbeiter bekommen. Größer Löhne bedeuten, dass die Leute sich mehr für die Arbeit motivieren.
(262 Wörter)

Bewertung von Textbeispiel 2

Kriterium 1 (Aufgabengerechtheit): C

Der Text behandelt zwar das Thema Gruppenarbeit, aber ausschließlich mit dem Fokus auf das Berufsleben. Der studentische Kontext wird völlig außer Acht gelassen. Textsorte und Adressatenbezug sind damit nicht ausreichend getroffen. Es handelt sich vielmehr um einen allgemeinen Aufsatz zum Thema. Vor- und Nachteile der Gruppenarbeit werden zwar ansatzweise angesprochen, ein roter Faden ist jedoch kaum erkennbar und der Text weist keine klare Struktur auf. Die Argumentation ist sprunghaft und kann nur mit C bewertet werden.

Kriterium 2 (Korrektheit): C

Der Text weist zwar etliche Fehler auf, allerdings eher bei komplexeren Strukturen *(Wären die Urleute nicht zusammen jagen gegangen, hätten sie nichts zum essen [...])*. Dass der Text an etlichen Stellen unverständlich bzw. sehr unklar ist, lässt sich aber eher auf Probleme im Bereich Repertoire und Kohärenz zurückführen (siehe Kriterien 3 und 4).

Kriterium 3 (Repertoire): C

Der Text zeigt kein breites Wortschatzspektrum. Die Strukturen sind teilweise recht einfach, unterkomplex und unpräzise (*viel leichter zu machen, um größer Kraft zu bekommen, Hauptführer, profitieren* [statt *Gewinn machen*]) oder werden häufig wiederholt *(bekommen)*. Es gibt etliche Fehlgriffe, z. B. *Aufmerksamkeit auf „Apple Inc." umdrehen.*

Kriterium 4 (Kommunikative Gestaltung): C

Es handelt sich um einen Text mit unklarer Struktur. Es gibt unklare Bezüge, z. B. *[...] genau das braucht heutzutage eine moderne Firma [...]*, oder unverständliche Vergleiche: *[...] bekommen sie mehr Ideen in kürzerer Zeit. Als, wenn jeder Mitarbeiter [...] muss einen Vortrag halten.*
Eigene Gedanken oder Argumente werden nicht ausgeführt. Zusammenhänge bleiben oft unklar, außerdem bietet der Text nur ein begrenztes Spektrum an Verknüpfungen.

b Überprüfen Sie abschließend Ihren eigenen Text: Was haben Sie bereits umgesetzt, was können Sie noch verbessern? Notieren Sie sich drei Punkte, die Sie bei Ihrem nächsten Text berücksichtigen wollen.

Wichtige Tipps für den Schriftlichen Ausdruck

Der Text sollte übersichtlich und klar strukturiert sein. Beachten Sie den Aufbau (Einleitung, Hauptteil, Schluss). Lassen Sie zwischen den Abschnitten etwas Platz, so gliedern Sie Ihren Text auch optisch.

Jede Argumentation setzt sich aus drei Teilen (These, Argument, Beispiel) zusammen, die zu erkennen sein sollten. Trainieren Sie dies ausreichend.

Redemittel sind nur Hilfsmittel! Setzen Sie nicht zu viele Redemittel ein, denn es geht nicht darum, auswendig gelernte Phrasen zu präsentieren. Ihre Sprache sollte natürlich klingen.

Verbinden Sie Ihre einzelnen Gedanken miteinander und stellen Sie logische Verknüpfungen her.
Ihr Text sollte einem „roten Faden" folgen.

Bleiben Sie in Ihrer Argumentation sachlich und möglichst neutral. Bis auf die Formulierung Ihrer eigenen Meinung am Ende des Textes sollte der Text nicht Ihre eigene Meinung wiedergeben, auch wenn Sie diese bereits haben. Das Ergebnis, also Ihr persönliches Fazit, gehört nur in den Schluss!

Im Schlussteil dürfen keine neuen Argumente aufgeführt werden: Hier werden die stärksten nur noch einmal prägnant zusammengefasst. Neue Argumente müssen Sie immer in den Hauptteil schreiben.

5 Prüfungsaufgabe: Schriftlicher Ausdruck

Wählen Sie eines der folgenden zwei Themen. Schreiben Sie einen Text, in dem Sie Ihren eigenen Standpunkt dazu erarbeiten und argumentativ darlegen. Ihr Text soll mindestens 350 Wörter umfassen.

Sie haben 70 Minuten Zeit.

Thema 1

In einem Seminar an Ihrer Universität sollen Sie Ihre Haltung zu dem Thema **„Missverständnisse in der Kommunikation“** reflektieren. Greifen Sie die unten genannten Zitate auf, berücksichtigen Sie auch Ihre eigenen Erfahrungen und legen Sie Vor- und Nachteile verschiedener Positionen dar. Fassen Sie Ihre Ergebnisse zusammen.

„Über ihre Sprache können Menschen unmissverständlich miteinander kommunizieren.“

„Auch wenn man dieselbe Sprache spricht, versteht man sich oft falsch.“

oder

Thema 2

In einem Seminar an Ihrer Universität sollen Sie Ihre Haltung zu dem Thema **„Vorlesungen im Internet“** reflektieren. Greifen Sie die unten genannten Zitate auf, berücksichtigen Sie auch Ihre eigenen Erfahrungen und legen Sie Vor- und Nachteile verschiedener Positionen dar. Fassen Sie Ihre Ergebnisse zusammen.

„Das Bereitstellen von Vorlesungsinhalten im Netz kann den persönlichen Austausch mit Dozenten und Kommilitonen nicht ersetzen.“

„Mit Vorlesungsinhalten im Internet bekommen auch Menschen aus Ländern mit einer schwach ausgebildeten Hochschulstruktur Zugang zu einem Studium.“

Im Prüfungsteil Mündlicher Ausdruck, Teil 1 erhalten Sie zwei Aufgaben. Sie werden nicht allein, sondern zu zweit (oder evtl. zu dritt) geprüft. Im Prüfungsteil 1A und 1B sollen Sie eine Präsentation zu einem von zwei vorgegebenen Themen halten und zudem die von Ihrer Partnerin / Ihrem Partner gehaltene Präsentation zusammenfassen und Anschlussfragen dazu stellen. Im Prüfungsteil 1A geht es darum, strukturiert zu einem Thema Stellung zu nehmen, Vor- und Nachteile zu benennen und Ihre eigene Meinung zu äußern. Im Prüfungsteil 1B sollen Sie zeigen, dass Sie in der Lage sind, einen gehörten Vortrag anhand von Notizen zusammenzufassen. Abschließend sollen Sie zeigen, dass Sie weiterführende Fragen zur Präsentation stellen können.

Teil 1 der Mündlichen Prüfung besteht aus folgenden Teilen:

Teil 1A: Präsentation
Die Prüferin / der Prüfer bittet Sie, das Thema Ihrer Präsentation zu nennen und Ihre Präsentation zu halten.

Teil 1B: Zusammenfassung und Anschlussfragen
Nach Ihrer Präsentation stellt Ihnen Ihre Partnerin / Ihr Partner einige Fragen. Antworten Sie angemessen auf die Fragen. Während der Präsentation Ihrer Partnerin / Ihres Partners überlegen Sie sich Ihrerseits Fragen zu dem Vortrag.

Zeit: 5 Minuten

Bewertung:
Inhaltliche Angemessenheit (= Kriterium Aufgabengerechtheit): Für Teil 1A 6 Punkte, für Teil 1B 4 Punkte. Die Sprachliche Angemessenheit (= Kriterien Flüssigkeit, Repertoire, Grammatische Richtigkeit sowie Aussprache und Intonation) wird gemeinsam für beide Teile der Mündlichen Prüfung mit max. 32 Punkten bewertet (siehe Bewertungskriterien, S. 108).

Teil 1A: Präsentation

Sie sollen eine Präsentation (ca. 3 Minuten) zu folgendem Thema halten:

- Welche Erfindung halten Sie für besonders wichtig? Hat diese Erfindung nur Vorteile oder auch Nachteile? Bitte begründen Sie Ihre Meinung.

TIPP

Die folgenden Aufgaben führen Sie Schritt für Schritt an die Erstellung einer Präsentation heran. Dieses Vorgehen können Sie für jedes Vortragsthema anwenden!

1 Ideen sammeln

a Was ist eine Erfindung? Sammeln Sie Assoziationen zu dem Begriff „Erfindung".

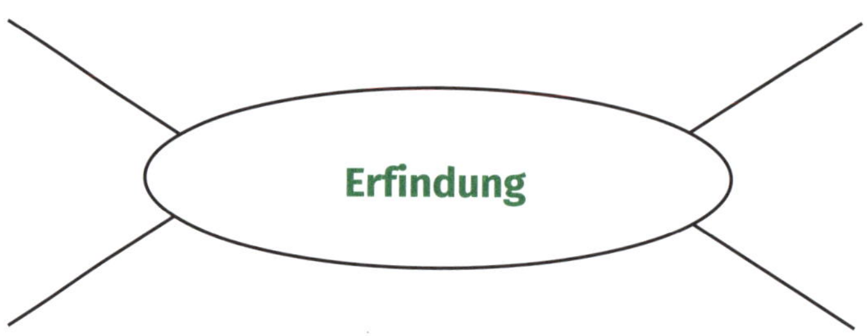

b Worin unterscheiden sich Erfindungen und Entdeckungen? Die Stichpunkte im Schüttelkasten helfen Ihnen bei der Abgrenzung.

schöpferische Leistung • etwas auffinden, was schon vorhanden, aber nicht bekannt ist • hat das Ziel, ein Problem zu lösen • erstmalige Schaffung von etwas • etwas, was jemand erfunden hat • kreative Leistung • kann zufällig oder absichtlich sein • häufig technische Problemlösungen

Erfindung	Entdeckung

c Schauen Sie sich zunächst verschiedene Erfindungen an. Welche halten Sie für besonders wichtig und warum?

Rad ca. 3500 v. Chr. • Papyrus ca. 3200 v. Chr. • Buchdruck ca. 1450 • Teleskop 1610 • Küchenherd 1735 • Dampfschiff 1783 • Batterie 1799 • Computer 1837 • Glühlampe 1880 • Internet 1960–1970

d Fallen Ihnen weitere ein? Welche Erfindung wollen Sie präsentieren? Notieren Sie.

2 Eine Präsentation vorbereiten

a Welche Stichpunkte zum Thema „Erfindungen" halten Sie für Ihre Präsentation relevant, welche weniger? Markieren Sie.

- ☐ Name des Erfinders
- ☐ Jahr der Erfindung
- ☐ Schwierigkeiten bei der Entwicklung
- ☐ Bedeutung für den persönlichen Gebrauch
- ☐ Bedeutung für die Menschheit
- ☐ Beispiele für die Nutzung
- ☐ negative Aspekte der Erfindung

b Nennen Sie weitere Stichpunkte, die in der Präsentation angesprochen werden sollten.

3 Eine Präsentation gliedern

a Bringen Sie die folgenden Inhaltspunkte in eine für Sie logische Reihenfolge. Streichen Sie Punkte, die für Ihre Präsentation nicht relevant sind, und ergänzen Sie die Aspekte aus Aufgabe 2, die Ihrer Meinung nach wichtig sind.

- ☐ Argumente und Beispiele, die die Vorteile unterstützen
- ☐ Beispiele wichtiger Erfindungen
- ☐ begründetes Fazit / Schlussfolgerung
- ☐ Beispiel für die persönlich wichtigste Erfindung
- ☐ Vorteile der Erfindung
- ☐ Grund für die Wahl benennen
- ☐ Abgrenzung zum Begriff Entdeckung
- ☐ Nachteile der Erfindung
- ☐ Begriffsklärung „Erfindung“
- ☐ Vorstellung der Gliederung

b Im Folgenden lesen Sie ein Transkript aus einer Mündlichen Prüfung. Markieren Sie in dem Beispiel die Inhaltspunkte aus Aufgabe 3a. Nicht jeder Inhaltspunkt findet sich im Text wieder.

[...] [I]ch halte meine Präsentation über eine wichtige Erfindung und ich habe die Elektrizität gewahlt [...]. Meine Vortrag besteht aus zwei Teile: Erstens erzähle ich etwas über warum es wichtig ist, oder warum ich denke, dass es wichtig ist. Danach erzähle ich etwas über ein großes Nachteil. So, wir fangen jetzt mit das erste Teil an. Ich denke, [...] dass die Elektrizität für uns sehr wichtig ist, weil wir mit Elektrizität große technische Fortschritte gemacht haben, zum Beispiel haben elektrische Maschinen gebaut, damit ist die Industrie effizienter, sondern auch einfacher geworden und nicht mehr so schwer für die einfache Arbeiter. [...] Außerdem haben wir die Elektrizität zu Hause benutzt oder können wir zu Hause benutzen: Wir haben Licht abends, so wir können abends lernen oder auch arbeiten. Und das ist einfacher und konstanter und bequemer als eine alte ... wie heißt es wieder ... Öllampe. [...] Dann komme ich zum zweiten Teil, das Nachteil. Ich glaube Elektrizität hat nur ein Nachteil. Das ist die Umweltverschmutzung. Früher haben wir fast alle Elektrizität sehr schlecht ... umweltunfreundlich aufge... produziert, mit Kohl oder Gas. Heutzutage haben wir mehr umweltfreundliche ... Heutzutage können wir es auch umweltfreundlich produzieren [...]. Dann komme ich zum Schluss. [...] Warum ich es wichtig finde: technische Fortschritt und mit wir in Industrie Fortschritt gemacht haben, Kommunikationsmittel erstellt haben und sie zu Hause benutzt haben. Und das Nachteil ist eigentlich nur die Verschmutzung ... Und dann möchte ich Ihnen bedanken für Ihre Aufmerksamkeit. [...]

c Halten Sie die Gliederung des Prüfungsbeispiels neben dem Text fest.

d Notieren Sie zu den Kategorien aus Aufgabe 3a jeweils 1–2 Stichpunkte, die Sie in Ihrem Vortrag erwähnen möchten, und vervollständigen Sie so die Gliederung für Ihren eigenen Vortrag.

1 ....

....

2 ....

....

3 ....

....

4 ....

....

5 ....

....

6 ....

....

4 Die Präsentation halten

a Markieren Sie im Prüfungsbeispiel in Aufgabe 3b die genutzten Redemittel, die die Präsentation strukturieren. Welches sind Synonyme zu den folgenden Redemitteln? Fallen Ihnen weitere ein?

REDEMITTEL

Einen Vortrag strukturieren

Mein Vortrag befasst sich mit dem Thema ...
Das Thema interessiert mich besonders, weil ...
Dazu muss man wissen, dass ...
Im Einzelnen bedeutet das, dass ...
Dies zeigt sich zum Beispiel daran, dass ...
Dies wird deutlich an ...
....
....
....
....
....
....
....

Dabei ist vor allem ... interessant.
Hier möchte ich insbesondere ... hervorheben.
Dabei muss man aber (auch) bedenken / berücksichtigen, dass ...
Zum Abschluss möchte ich ...
Ich bin selbst der Meinung / Auffassung / Ansicht / Überzeugung, dass ...
....
....
....
....
....
....
....

b Halten Sie nun Ihre Präsentation zum Thema „Welche Erfindung halten Sie für besonders wichtig?“ mithilfe von Ihren Stichpunkten. Die Redemittel aus Aufgabe 4a können Ihnen helfen.

Teil 1B: Zusammenfassung und Anschlussfragen

TIPP

Hören Sie zunächst aufmerksam zu und notieren Sie sich dabei **Schlüsselbegriffe** und **Synonyme**. Diese helfen Ihnen, die Hauptgedanken des Gesagten in eigenen Worten wiederzugeben. Sie müssen nicht alle Informationen wiederholen. Heben Sie beispielsweise hervor, was Sie besonders interessant finden.

5 Notizen machen und zusammenfassen

a Machen Sie sich Notizen zum Inhalt des Prüfungsbeispiels. Die Gliederung aus Aufgabe 3c kann Ihnen helfen.

....

....

....

....

b Formulieren Sie zu dem Prüfungsbeispiel eine Zusammenfassung. Nehmen Sie bei Bedarf die folgenden Satzanfänge zu Hilfe.

REDEMITTEL

Einen Vortrag zusammenfassen
Die Präsentation beschäftigt sich mit dem Thema /der Frage ...
Im Mittelpunkt steht ...
Besonders hervorheben möchte ich den Punkt ...
Als Beispiel führt meine Partnerin /mein Partner Folgendes an: ...
Zusammenfassend /Abschließend lässt sich sagen, dass ...

6 Fragen zur Präsentation stellen

a Welche zwei Fragen finden Sie für das Prüfungsbeispiel am wichtigsten? Kreuzen Sie an.

- ☐ Wofür nutzen Sie Elektrizität?
- ☐ Auf welche Art kann Elektrizität umweltfreundlich erzeugt werden?
- ☐ Wie wäre das Leben heutzutage, wenn es keine Elektrizität gäbe?
- ☐ Was kann gegen die Umweltverschmutzung durch Energiegewinnung getan werden?
- ☐ Was würden Sie tun, wenn Sie einen Tag ohne Elektrizität leben müssten?
- ☐ Wie hat sich die Kommunikation durch elektrische Medien verändert?

b Formulieren Sie zwei weitere Fragen.

7 Beispiele analysieren

a Hören Sie den ersten Teil einer Mündlichen Prüfung. Die folgende Grafik und die Präsentationsthemen helfen Ihnen, dem Verlauf der Mündlichen Prüfung, Teil 1A und B zu folgen. 20

Gewählte Präsentationsthemen

Teilnehmer A:

Was macht eine Region oder Universitätsstadt für Studierende attraktiv? Bitte geben Sie Beispiele und begründen Sie Ihre Meinung.

Teilnehmerin B:

Welchen gesellschaftlichen Stellenwert haben akademische Titel in Ihrem Herkunftsland (oder einem Land Ihrer Wahl)? Berichten Sie.

Teilnehmerin C:

Welche Studienfächer (oder Berufe) haben ein besonders hohes, welche ein besonders niedriges Prestige? Wie kommen solche Prestigeunterschiede Ihrer Meinung nach zustande?

b Überlegen Sie sich: Was haben die Prüfungsteilnehmerinnen und der Prüfungsteilnehmer jeweils besonders gut gemacht, was würden Sie selbst in der Prüfung anders machen? Die Bewertungen der drei Kandidaten finden Sie in Lektion 10, Aufgabe 4e.

Wichtige Tipps zum Mündlichen Ausdruck, Teil 1A und B

Eine gelungene **Präsentation (Teil 1A)** ist klar strukturiert und umfasst eine Einleitung, eine Vorstellung der Gliederung des Vortrags, einen Hauptteil, in dem Sie verschiedene Aspekte gegeneinander abwägen, und ein Fazit / eine Schlussfolgerung.

Sammeln Sie zunächst relevante Punkte, die Sie in Ihrer Präsentation ansprechen möchten. Überlegen Sie sich dann eine passende Gliederung. Vermeiden Sie es, Ihre Gedanken einfach nur aneinanderzureihen.

Strukturieren Sie Ihre Präsentation auch sprachlich! Erläutern Sie, worüber Sie im nächsten Punkt sprechen möchten.

Geben Sie anschauliche Beispiele, um Ihre Argumente zu verdeutlichen.

Für die **Zusammenfassung (Teil 1B)** ist es wichtig, die wesentlichen Aspekte wiederzugeben. Detailinformationen müssen Sie bei Ihrer Zusammenfassung nicht berücksichtigen.

Um das Gehörte in eigenen Worten wiederzugeben, kann es hilfreich sein, sich Synonyme zu notieren.

Die Zusammenfassung sollte nicht Ihre persönliche Meinung oder eigene Beispiele enthalten. Sie sollen nur verkürzt wiedergeben, was Sie in der Präsentation Ihrer Partnerin / Ihres Partners gehört haben.

8 Prüfungsaufgabe: Mündlicher Ausdruck, Teil 1A und B

Teil 1A: Präsentation (3 Minuten)

In einer Veranstaltung an Ihrer Universität sollen Sie ein Kurzreferat (ca. 3 Min.) halten. Wählen Sie eines der Themen aus. Sie können sich Notizen machen (Stichworte, keinen zusammenhängenden Text). Denken Sie auch an eine Einleitung und einen Schluss bzw. ein Fazit. Ihr Referat soll gut gegliedert sein und das Thema verständlich und ausführlich darstellen. Im Anschluss werden Ihnen Fragen gestellt.

Teilnehmer/in A

Themen

- Die medizinische Forschung hat zu unser aller Wohl unbestreitbare Fortschritte erzielt. Dadurch werden die Menschen immer älter. Welche Folgen könnte dies haben? Legen Sie auch Ihre eigene Haltung dar.
- Technische Geräte nehmen uns im Alltag viel Arbeit ab, deshalb bleibt uns mehr Zeit für persönliche Beziehungen. Entspricht dies Ihrer Einschätzung? Erzählen Sie von Ihren eigenen Erfahrungen und Beobachtungen in diesem Zusammenhang.

Teilnehmer/in B

Themen

- Zahlen belegen, dass Arbeitnehmerinnen und Arbeitnehmer einen Großteil ihrer Arbeitszeit mit dem Lesen und Verfassen persönlicher E-Mails sowie privatem Surfen im Internet verbringen. Sind Sie der Meinung, dass der Arbeitgeber dies dulden sollte? Begründen Sie Ihre Ansicht.
- Der Glaube an den technischen Fortschritt ist nicht bei allen Menschen und nicht in allen Kulturen gleich stark ausgebildet. Berichten Sie von Ihren Erfahrungen zum Thema „Vertrauen in die Technik“. Sie können auch von Ihren Beobachtungen in einem Land Ihrer Wahl berichten.

Teil 1B: Zusammenfassung und Anschlussfragen (2 Minuten)

Teilnehmer/in A / B

- Machen Sie sich Notizen, während Ihre Partnerin / Ihr Partner ihre / seine Präsentation hält. Im Anschluss fassen Sie die Präsentation Ihrer Partnerin / Ihres Partners zusammen.
- Stellen Sie dann Ihrer Partnerin / Ihrem Partner Anschlussfragen.

Im Prüfungsteil Mündlicher Ausdruck, Teil 2 sollen Sie zeigen, dass Sie mit Ihrer Partnerin / Ihrem Partner diskutieren können. Sie bekommen dafür ein Blatt mit einem Zitat, welches den Anstoß für eine Diskussion geben soll.
Machen Sie deutlich, wie Sie das Zitat verstehen und welcher Meinung Sie sind. Gehen Sie auch auf die Ansichten Ihrer Gesprächspartnerin / Ihres Gesprächspartners ein. Widersprechen Sie ihr / ihm gegebenenfalls und denken Sie immer daran, Ihre Argumente zu begründen und Beispiele zu nennen.

Zeit: 6 Minuten

Bewertung:
Inhaltliche Angemessenheit (= Kriterium Aufgabengerechtheit): 6 Punkte.
Die Sprachliche Angemessenheit (= Kriterien Flüssigkeit, Repertoire, Grammatische Richtigkeit sowie Aussprache und Intonation) wird gemeinsam für beide Teile der Mündlichen Prüfung mit max. 32 Punkten bewertet (siehe Bewertungskriterien, S. 108).

1 Erste Ideen formulieren

a Wie verstehen Sie die beiden Zitate? Antworten Sie jeweils in einem Satz.

Am Mut hängt der Erfolg.

Theodor Fontane, 1819–1898, Schriftsteller

Die beste Bildung findet ein gescheiter Mensch auf Reisen.

Johann Wolfgang von Goethe, 1749–1832, Dichter

b Sammeln Sie Pro- und Kontra-Argumente für das Zitat „Die beste Bildung findet ein gescheiter Mensch auf Reisen".

Pro-Argumente	Kontra-Argumente
Auf Reisen sammelt man wichtige Erfahrungen über unterschiedliche Kulturen, die man selbst erleben muss.	*Um sich zu bilden, ist es nicht notwendig zu reisen. Alles, was wichtig ist, kann man sich auch erlesen.*

2 Argumente begründen und belegen

a Eine Argumentation besteht immer aus drei Teilen: einer These, einem Argument und einem Beispiel. In den folgenden Sätzen sind das Argument und das Beispiel vorgegeben. Finden Sie eine sinnvolle These.

1

These: ....

Argument: Sprache ist nicht nur für die Kommunikation wichtig, sondern hilft auch, die Mentalität einer Gesellschaft zu verstehen, und erleichtert das Ankommen in einem neuen Land.

Beispiel: In einigen Kulturen werden beispielsweise für die Richtungsangabe nur Wörter wie Norden, Osten, Süden, Westen gebraucht. Wörter für links und rechts existieren nicht.

2

These: ....

Argument: Forscher sind überzeugt, dass der direkte Kontakt und die dabei gesammelten Erfahrungen helfen, Unsicherheiten abzubauen.

Beispiel: In Ländern, in denen der Ausländeranteil niedrig ist, ist die Angst vor Ausländern größer als in Ländern mit einem hohen Anteil an Ausländern.

3

These: ....

Argument: Zahlreiche Studien belegen, dass schöne Menschen viele Vorteile haben.

Beispiel: In Zeitungen gibt es fast ausschließlich schlanke Models.

4

These: ....

Argument: Wer in international agierenden Unternehmen erfolgreich sein möchte, muss lernen, seine eigene Kultur reflektieren zu können.

Beispiel: In Verhandlungssituationen sollte auf die Gepflogenheiten der verschiedenen Kulturen geachtet werden.

b Finden Sie Pro- oder Kontra-Argumente für die folgenden Thesen.

1 Eine wichtige Voraussetzung für interkulturelle Kompetenz ist die Kenntnis der eigenen Kultur.

2 Die menschliche Welt ist heute mehr denn je ohne interkulturellen Austausch nicht denkbar.

3 Menschen, die mit zwei Kulturen aufgewachsen sind, sind toleranter.

4 Soziale Netzwerke helfen, sich global zu vernetzen, und führen letztendlich zu einer eigenen Kultur.

c Überlegen Sie sich zu den in Aufgabe 1b gesammelten Pro- und Kontra-Argumenten Beispiele, die Ihr Argument unterstützen.

Argument 1:

Beispiel:

Argument 2:

Beispiel:

Argument 3:

Beispiel:

Argument 4:

Beispiel:

3 Auf die Gesprächspartnerin/den Gesprächspartner eingehen

a Lesen Sie die folgenden gegensätzlichen Meinungen zu der These „Kultur bestimmt die Kommunikation". Markieren Sie in beiden Standpunkten die Argumente. Fallen Ihnen für beide Ansichten weitere Argumente ein? Notieren Sie.

> **TIPP**
> Um auf gegnerische Argumente reagieren zu können, ist es hilfreich, sich in die andere Person hineinzuversetzen. Überlegen Sie sich vorab, wie Ihre Partnerin / Ihr Partner reagieren könnte und welche Argumente sie /er anbringen könnte!

PRO

Für mich ist das Verständnis für die kulturelle Prägung des Einzelnen entscheidend für eine gelungene Kommunikation. Nur wenn ich erkenne, wie jemand „tickt", kann ich mich auch auf ihn einlassen. Wer die Herkunft des anderen missachtet, wird kaum Verständnis für Unterschiede haben.

KONTRA

Ich bin der Meinung, dass nicht „Kulturen" miteinander kommunizieren, sondern Individuen. Jeder Mensch ist ganz individuell geprägt und dies bedeutet für mich, dass auch die Kommunikation ganz einzigartig ist. Somit ist jedes Gespräch nicht von der Kultur abhängig, sondern von jedem Einzelnen.

b Redemittel für die Interaktion: Setzen Sie die Satzteile zusammen.

REDEMITTEL

0	Könntest du mir kurz erläutern,	a	ist Folgendes: ...
1	Ich würde gern noch mehr darüber erfahren,	b	kann ich dir überhaupt nicht zustimmen.
2	Wenn ich dich richtige verstehe,	c	meinst du mit ...
3	In diesem Punkt	d	was du unter ... verstehst?
4	Was ich nicht so ganz verstanden habe,	e	Jetzt ist mir der Zusammenhang klar.
5	Danke für die Erklärung.	f	wie du zu diesem Punkt stehst.

4 Prüfungsbeispiele

a Lesen Sie das Transkript einer Diskussion aus einer Mündlichen Prüfung. Markieren Sie Argumente, Begründungen und Beispiele der beiden Kandidaten.

Die beste Bildung findet ein gescheiter Mensch auf Reisen.

▶ [...] Aber ich glaube, er ist auch sehr viel durch Deutschland unterwegs ist, ja.

▷ Überall übernachtet, oder?

▶ Ja. Ja, weil er hat erst mit seinem Jurastudium begonnen und dann, ich glaube, er hat ... er konnte auch innerhalb Deutschland viel Erfahrung sammeln können.

▷ Und vor allem damals war Deutschland kein Land, es war viele verschiedene Länder und es gab überall Maut und Zoll und so. Ich glaube, selbst innerhalb von Deutschland dann konnte er sich dann verwirklichen ähm ... entwickeln. Aber jetzt muss man halt ein bisschen weiter weg fahren, damit man sich entwickeln kann. [...]

b Markieren Sie sprachliche Strukturen im Beispieltext, die für eine Diskussion wichtig sind. Wie gehen die beiden Gesprächspartner aufeinander ein?

c Diskutieren Sie nun mit einer Partnerin /einem Partner über das Zitat. Nutzen Sie dazu Ihre Stichpunkte.

d Ergänzen Sie den nachfolgenden Dialog. Nutzen Sie geeignete Redemittel und denken Sie daran, Ihre Argumente zu begründen und Beispiele zu geben.

Am Mut hängt der Erfolg.

▶ Das ist schwierig. Vielleicht sollten wir erst einmal klären, was Mut bedeutet? Ich verstehe das so: Mut ist es, seine Angst zu überwinden, auch wenn es schwierig oder gefährlich ist. Wie siehst du das?

▷ 1 ....

▶ Da stimme ich dir zu. Und was verstehst du unter Erfolg?

▷ 2 ....

▶ Mmmh, darüber muss ich nachdenken. Ich bin nicht sicher, ob ich dich richtig verstanden habe. Kannst du mir vielleicht ein Beispiel geben?

▷ 3 ....

▶ Ja, das sehe ich genauso. Ich denke aber auch, dass Mut nicht alles ist. Man braucht auch Glück. Manchmal ist Glück vielleicht sogar noch wichtiger als Mut.

▷ 4 ....

▶ Wenn ich dich richtig verstanden habe, dann bist du nicht dieser Ansicht? Ich persönlich sehe das etwas anders. Zu viel Mut kann manchmal auch gefährlich sein.

▷ 5 ....

e Hören Sie nun Teil 2 der Mündlichen Prüfung und lesen Sie im Anschluss die Bewertungen der Teilnehmerinnen und des Teilnehmers.

21

A	B	C
Carlos	Alaa	Xin

Zitat

Hochbegabung ist Fluch und Segen zugleich.

Dr. Johannes Riemer, Psychologe

Bewertung der drei Prüfungskandidaten

	Inhaltliche Angemessenheit			Sprachliche Angemessenheit			
	Teil 1A	Teil 1B	Teil 2	Flüssigkeit	Repertoire	Grammatische Richtigkeit	Aussprache und Intonation
Carlos	B	B	B	B	B	C	C
Alaa	C	C	C	C	C	C	B
Xin	B	B	A	B	B	C	B

Kommentar zu Carlos:

Carlos erreicht insgesamt 24 Punkte und bleibt damit unter C1, was weitgehend an seinen Defiziten in Grammatik und Aussprache liegt.

Die Präsentation ist relativ kurz, positiv wird das Eingehen auf die Anschlussfragen bewertet. Durch Wortschatz- und Grammatikdefizite ist die Struktur der Präsentation nicht eindeutig erkennbar. Seine Zusammenfassung von Xins Präsentation ist kurz und präzise. Er gibt die wichtigsten Punkte von ihrem Vortrag weitestgehend strukturiert wieder. Die Anschlussfragen sind thematisch passend, qualitativ jedoch eher schwach. Auch hier erschweren Wortschatz- und Grammatikdefizite das Verständnis. Die Diskussionsbeteiligung ist kohärent, angemessen und spontan. Der Redeanteil ist nicht hoch, dies wird aber als positive Kommunikationsstrategie bewertet, da er so den anderen Teilnehmerinnen die Chance gibt, am Gespräch aktiv teilzunehmen.

Die Sprache ist weitgehend flüssig und natürlich, wenn auch gelegentlich Stockungen und Wiederholungen den Redefluss leicht stören. Das Repertoire wird als gerade noch ausreichend für C1 gesehen, allerdings mit deutlichen Schwächen, z. B. *Studienangebot bieten; Die Universität sollte [...] die Studenten den richtigen Weg für die Zukunft finden*. Grammatische Fehler erschweren das Verständnis nicht, kommen jedoch zu häufig und auch bei weniger komplexen Strukturen vor, z. B. gleich zu Anfang: *Was macht ein Region oder eine Universitätsstadt, um ein Studium äh Studiengäng attraktiv machen?* oder bei der Beantwortung der Anschlussfragen: *Es ist sehr einfach zum diesen Stadtteil erreichen mit den U-Bahn oder mit den Bus.* Die Aussprache erfordert durchgängig erhöhte Konzentration. Die Aussprache und Intonation von Carlos wirken nicht natürlich und klar.

Kommentar zu Alaa:

Alaas Leistung zeigt sowohl inhaltliche als auch sprachliche Schwächen. Die Bewertung liegt mit 16 Punkten deutlich unter C1.

Bei der Präsentation verlagert die Teilnehmerin den Schwerpunkt der Präsentation. Ihr Thema ist der gesellschaftliche Stellenwert von akademischen Titeln. Sie konzentriert sich in der Präsentation jedoch auf Studiengänge mit hohem gesellschaftlichem Ansehen und führt die akademischen Titel nur als Beispiel an. Der Großteil der Präsentation bezieht sich auf das Studienfach Medizin. Eine Strukturierung der Präsentation in Einleitung, Hauptteil und Schluss ist kaum erkennbar. Die Zusammenfassung stellt eine direkte Wiedergabe der Präsentation von Carlos dar, sie scheint insgesamt sogar länger als die Präsentation. Somit ist es Alaa nicht gelungen, die Hauptaussagen seines Vortrags wiederzugeben. Ihre Zusatzfragen haben keinen Bezug zur Präsentation. In der Diskussion ist Alaa zunächst sehr zurückhaltend, gegen Ende der Diskussion werden ihre Diskussionsbeiträge jedoch mehr und auch qualitativ besser. Allerdings haben sie nicht immer einen konkreten Bezug zum Thema, z. B. wenn es um das Verbessern der deutschen Sprache geht.

Die Teilnehmerin redet stockend und muss oft nach Worten suchen (*ääh*, viele Pausen). Das Repertoire ist stark eingeschränkt, sie verwendet häufig die gleichen Wörter. Sie nutzt sehr einfache Verben (*machen, haben* usw.), die oft nicht im richtigen Kontext angewendet werden, z. B. *Und auch die Stadt muss mehr Sachen machen; Medizin ist die höchste Stellenwert, die alle Studenten in meine Heimatland danach suchen.* Fehler, auch in einfachen Strukturen, erschweren das Verständnis, z. B. sind Verbkonjugationen oft nicht korrekt: *Andere Bereiche an der Uni muss ganz gut (...). Busses und Verkehrsmittel muss verfügbar sein.* Alaas Aussprache ist gut und verständlich, die Intonation ist hingegen wenig natürlich. Teilweise ist erhöhte Aufmerksamkeit erforderlich.

Kommentar zu Xin:

Xin erreicht mit 29 Punkten knapp das C1-Niveau. Die Schwächen sind wie bei Carlos weitgehend sprachlicher Art, sind aber weniger gravierend. Besonders stark ist sie in der Diskussionsführung.

Die Präsentation ist in mehrere Abschnitte gegliedert, in denen Xin verschiedene Beispiele zum Thema nennt. Allerdings schafft sie es nicht, diese Beispiele abschließend allgemeiner, auf einer abstrakten Ebene zu betrachten und selbst zu bewerten. Dieser Schlussteil der Präsentation fehlt, sie sagt lediglich: *Ja, das war alles.* Die Anschlussfragen kann sie gut beantworten. Die Zusammenfassung von Alaas Präsentation enthält alle genannten Punkte und ist somit zu ausführlich, Xin führt die zuvor genannten Punkte an einigen Stellen sogar noch weiter aus. Die Anschlussfrage passt inhaltlich zur Präsentation. Xin bringt viele eigene Beispiele und auch Fragen an die anderen Teilnehmer mit in die Diskussion ein. Sie richtet sich sowohl an Carlos als auch an Alaa, z. B.: *Was sagst du?* Somit steuert sie die Diskussion, was sehr positiv bewertet wird. Es handelt sich bei der Bewertung jedoch um ein sehr schwaches A, da sie ihre persönlichen Beispiele und Erfahrungen zwar mit in die Diskussion einbringt, diese aber sprachlich nicht als solche kennzeichnet und sie somit nicht von der abstrakten Ebene der Diskussion abgrenzt.

Die Flüssigkeit ist an den meisten Stellen gegeben, sie sucht selten nach Worten, sodass die Kommunikation weitgehend natürlich klingt. Das Repertoire ist reichhaltig, wird jedoch nicht immer angemessen eingesetzt. Grammatische Fehler kommen auch in einfacheren Strukturen vor, führen jedoch nicht zu Verständnisschwierigkeiten. Die Teilnehmerin ist zwar in der Lage, komplexe Strukturen zu bilden, zeigt dies jedoch erst im zweiten Teil der Prüfung. Xin hat eine sehr natürliche Intonation, die Aussprache erfordert hingegen an einigen Stellen erhöhte Konzentration.

Wichtige Tipps zum Mündlichen Ausdruck, Teil 2

In der Diskussion ist es hilfreich, wenn Sie nicht direkt mit Fragen wie *Findest du das gut?* oder *Stimmst du dieser Aussage zu?* einsteigen, sondern sich zu Beginn darüber verständigen, was unter den im Zitat genannten Begriffen zu verstehen ist.

Nutzen Sie die vier Fragen der Aufgabenstellung, um der Diskussion eine Struktur zu verleihen.

Achten Sie darauf, Ihre Argumente zu begründen und Beispiele anzuführen.

Stellen Sie Ergänzungsfragen oder fragen Sie nach, ob Sie das Gesagte richtig verstanden haben.

Fassen Sie, wenn möglich, Gesagtes zusammen. So stellen Sie sicher, dass beide Gesprächspartner dasselbe verstehen.

Achten Sie darauf, dass Sie und Ihre Partnerin / Ihr Partner in etwa gleich viel sprechen. Fallen Sie Ihrer Partnerin / Ihrem Partner nicht ins Wort und bemühen Sie sich um eine konstruktive Diskussion.

5 Prüfungsaufgabe: Mündlicher Ausdruck, Teil 2

Diskutieren Sie mit Ihrer Partnerin oder Ihrem Partner über:

Mehrsprachigkeit sollte für Hochschulabsolventen jeder Fachrichtung selbstverständlich sein.

Studierende aus anderen Ländern sind für jede Hochschule ein Gewinn.

Für technische Studiengänge hat interkulturelle Kompetenz keine Bedeutung.

Aufgabe

- Wie verstehen Sie diese Aussage?
- Inwiefern teilen Sie diese Ansicht?
- Geben Sie dazu Gründe und Beispiele an.
- Gehen Sie auch auf die Argumente Ihrer Partnerin / Ihres Partners ein.

Leseverstehen, Teil 1

Lesen Sie den folgenden Text. Welche der Sätze a–h gehören in die Lücken 1–6? Es gibt jeweils nur eine richtige Lösung. Zwei Sätze können nicht zugeordnet werden. Markieren Sie Ihre Lösungen für die Aufgaben 1–6 auf dem Antwortbogen. Lücke (0) ist ein Beispiel.

Sie lesen in einer Fachzeitschrift den folgenden Artikel.

Bauen wie Palladio

Der Italiener Andrea Palladio (1508–1580) war einer der einflussreichsten Baumeister aller Zeiten. Seine Villen und Kirchen haben Zeitgenossen wie Nachfahren entzückt. Auf der ganzen Welt wurden seine Bauten kopiert. ....0............ . Als 1792 der Wettbewerb für den Amtssitz des ersten US-Präsidenten ausgeschrieben wurde, reichte der architekturbegeisterte damalige Außenminister Thomas Jefferson anonym einen Beitrag ein: Dazu kopierte er einfach Grund- und Aufriss von Palladios berühmtestem Gebäude, der Villa Rotonda, die der italienische Architekt mehr als 200 Jahre früher vor den Toren von Vicenza errichtet hatte.

............1............ . Dessen Formen stammten von klassizistischen Herrenhäusern Irlands und Englands, die sich wiederum auf die Villen im Veneto bezogen, die Palladio dort Mitte des 16. Jahrhunderts in großer Zahl errichtet hatte.

Jefferson verehrte Palladio seit seiner Zeit als amerikanischer Botschafter in Paris, er hatte das Veneto bereist und besaß ein Exemplar von Palladios vierteiligem Lehrbuch, den *Quattro Libri*, den *Vier Büchern zur Architektur*, für ihn die „Bibel der Baukunst", nach der er auch sein eigenes Privathaus in Virginia errichtete. ....2............ . Neu war seine Idee, auch Privathäuser mit einem Tempelportikus zu schmücken (wobei er fälschlicherweise annahm, auch die römischen Villen müssten so ausgesehen haben). Von den Griechen übernahm er das System harmonischer Proportionen in der Architektur analog zu bestimmten Intervallen in der Musik. ....3............ .

Palladio war nicht der erste Renaissance-Architekt, der ein Lehrbuch verfasste. Alberti hatte eine Generation zuvor ein Traktat publiziert, auch die Bücher von Serlio und Vignola waren bereits vorher erschienen. ....4............ . Die Beispiele darin boten so etwas wie einen Architektur-Baukasten, mit dessen Hilfe jeder Bauherr aus einfachen Materialien ein solides und ansehnliches Gebäude errichten konnte.

Palladios *Quattro Libri* fanden schnell Verbreitung in Europa, vor allem in England, wo er viele Nachahmer inspirierte, und von wo aus seine Architektur als Palladianismus nach Nordamerika und in die Kolonien gelangte. ....5............ . Bekannte Beispiele palladianischer Architektur in Deutschland wurden die Front der Berliner Staatsoper Unter den Linden und das erste klassizistische Gebäude auf dem Kontinent, Schloss Wörlitz bei Dessau.

Kein anderer Baumeister der Architekturgeschichte ist so häufig über einen so langen Zeitraum in so vielen Ländern kopiert worden wie der aus bescheidenen Verhältnissen stammende Mann aus dem Veneto, der ursprünglich Steinmetz war. ....6............ . Dieser nahm ihn auf Studienreise mit nach Rom und führte ihn auch in die Adelskreise des Veneto ein, wo er seine Auftraggeber fand. Trissino gab dem als Andrea di Pietro della Gondola in Padua Geborenen auch den an die griechische Göttin Pallas Athene angelehnten Namen, unter dem er dann berühmt wurde.

Beispiel:

z Auch das Weiße Haus in Washington wäre um ein Haar nach einem Entwurf von Andrea Palladio erbaut worden.

a Aber Palladios Buch war einfach besser, es enthielt präzisere Maßangaben und reichere Illustrationen.

b Beide Gliederungen, die architektonische wie die musikalische, galten den Humanisten als Abbild der kosmischen Ordnung der Dinge.

c Das schließlich realisierte Weiße Haus von James Hoban war aber ebenfalls von Palladio inspiriert:

d Für Palladio sollte dieser erste Kontakt mit der griechischen Architektur alles verändern.

e In diesen Lehrbüchern vereinte Palladio das detailliert beschriebene Erbe der von ihm bewunderten römischen Architektur mit seinen eigenen davon inspirierten Entwürfen.

f Rund 300 Jahre lang wurden nach seinem Vorbild in allen Winkeln der Welt klassizistische Tempelfronten vor öffentliche Gebäude und Landsitze gesetzt.

g Seine literarischen Werke fanden dagegen weniger Anklang.

h Vielleicht wäre er dies ein Leben lang geblieben, hätte der wohlhabende Humanist Giangiorgio Trissino ihn nicht gefördert.

Leseverstehen, Teil 2

Lesen Sie den folgenden Text. In welchem Textabsatz a–e finden Sie die Antworten auf die Fragen 7–12? Jeder Absatz kann Antworten auf mehrere Fragen enthalten.

Markieren Sie Ihre Lösungen für die Aufgaben 7–12 auf dem Antwortbogen.

Beispiel:

In welchem Abschnitt …

0 möchte die Autorin von ihren eigenen Erfahrungen berichten?

a	b	c	d	e
○	○	●	○	○

In welchem Abschnitt …

7 möchte die Autorin auf Vorteile aufmerksam machen?

8 möchte die Autorin Lob und Anerkennung zollen?

9 möchte die Autorin um Verständnis werben?

10 möchte die Autorin auf einen Widerspruch hinweisen?

11 möchte die Autorin zur Selbstreflexion anregen?

12 möchte die Autorin aktuelle Vorurteile nennen?

Studieren mal anders

a

Nicht eifrig genug, mit dem Kopf nicht immer bei der Sache, karriereorientiert – so und anders lauten die Vorwürfe, mit denen Studentinnen und Studenten sich heute in Deutschland vonseiten mancher Lehrbeauftragter konfrontiert sehen. Manche Studierende seien nur an einer Hochschule eingeschrieben, weil sie noch keine Alternative sehen oder auf einen Ausbildungsplatz warten, heißt es. Auch alarmierende Klagen über fehlende Vorkenntnisse werden in schöner Regelmäßigkeit erhoben. So sei ein Teil der Studierenden auf das Studium nicht richtig vorbereitet und zeige Defizite in Sprache und Schrift, in Grammatik wie in Rechtschreibung, im sinnerfassenden Lesen und mathematischen Verständnis. Manchmal wird sogar die Studierfähigkeit der jungen Menschen angezweifelt oder pauschal in Abrede gestellt. Wie aber ist es wirklich um das Wissen und die Wissbegierde von heutigen Studierenden bestellt?

b

Um es gleich vorwegzunehmen: Unmut über mangelnde Intelligenz bei der lernenden Jugend hat es immer schon gegeben. Vom Bedauern über die geringe Lernbereitschaft der Jugend zeugt eine sumerische Tontafel, die auf 3000 vor Christus datiert wird. Zwei Jahrtausende später, um 1000 vor Christus, zeigt sich der Verfasser einer Tontafel aus Babylon überzeugt, dass es der faulen Jugend niemals gelingen werde, ihre Kultur zu erhalten. Von den griechischen Philosophen über das Mittelalter und die Neuzeit bis in unsere Gegenwart: Es hat offenbar zu keiner Zeit eine Generation gegeben, die sich über die Begabungen und den Lerneifer der Jugend begeistert gezeigt hätte.

Sich über den Nachwuchs zu beschweren, ist also eine Tradition, die sich lange gehalten hat. Dabei belegen unzählige Studien, dass der Intelligenzquotient der Bevölkerung und damit auch des Anteils der Studierenden eher zu- und nicht abnimmt.

c

Aus meiner Lehrtätigkeit weiß ich: Studentinnen und Studenten sind nicht weniger intelligent als die ihrer Vorgängergeneration. Aber sie haben heutzutage bei der Aneignung von Wissen einen völlig anderen Ansatz. Mit der Entwicklung der Neuen Medien hat sich auch das Lernverhalten gewandelt. Das Wissen um theoretische Informationen, Daten und Fakten verliert an Bedeutung, wenn man jederzeit an sie herankommt. Dabei legen die Studentinnen und Studenten eine Leichtigkeit im Umgang mit den Rechercheinstrumenten im Internet an den Tag, um die ich sie beneide. Dass sie dafür mit der Recherche in Bibliotheken nicht unbedingt vertraut sind, sollte man ihnen nicht vorwerfen. Sie sind anders, als wir es als Studierende waren. Und das ist ihr gutes Recht. Im Unterricht und in ihren Arbeiten erlebe ich die Studierenden als aufgeschlossen, interessiert und wissbegierig. Was mich besonders freut: Sie stellen intelligente Fragen. Und sie legen dabei mitunter eine erfrischende Respektlosigkeit an den Tag. Dass viele von ihnen es wagen, Dinge infrage zu stellen, auch angesichts der Autorität einer anerkannten Lehrperson, stimmt mich äußerst zuversichtlich. Der Mut zum Anzweifeln stellt eine gute Eigenschaft für zukünftige Wissenschaftler dar. Immer wieder stelle ich fest, dass die jungen Menschen von heute, und das nicht nur an der Universität, deutlich weniger Berührungsängste haben, als meine Generation sie hatte. Ihre Neugierde und ihre spielerische Art, mit neuen Technologien umzugehen, finde ich beeindruckend. Auch das dürfte keine schlechte Voraussetzung für innovatives Forschen sein.

d

Apropos neue Technologien: Häufig stellen wir fest, dass Studierende sich nicht mehr ausreichend konzentrieren können, dass sie ständig von SMS, WhatsApp und anderen Nachrichten abgelenkt werden. Aber mal Hand aufs Herz: Geht Ihnen das nicht auch so? Wie lange schaffen Sie es, Ihre Konzentration beim Arbeiten aufrechtzuerhalten, ohne schnell mal etwas im Internet zu recherchieren, Ihre E-Mails zu checken oder auf eine Nachricht sofort zu antworten? Sind wir heutzutage nicht alle gleichermaßen abhängig von den Errungenschaften des digitalen Zeitalters, die eigentlich unser Leben erleichtern sollten?

e

Gleichzeitig sind es vor allem diese Errungenschaften des digitalen Zeitalters, die den heutigen Studierenden weitaus mehr Freiheiten eröffnen, als es ein klassisches Studium noch vor Kurzem tat, wie z. B. eine gewisse Flexibilität durch zeitliche und räumliche Unabhängigkeit. In Frankfurt studierend, können sich Studierende mit ihren Dozentinnen und Dozenten aus Südafrika und anderen internationalen Studierenden in virtuellen Klassenräumen oder auf Online-Lernplattformen austauschen. Stundenlanges Warten in den Fluren, um einen der begehrten Seminarplätze zu ergattern, gehört ebenso der Vergangenheit an wie das Sammeln von Teilnahmebescheinigungen auf Papier. All diese Dinge werden nun digital verwaltet und organisiert. Das ist eine große Erleichterung während des Studiums, aber auch danach. Die weltweite Anerkennung von Studien- und Berufsabschlüssen bietet die Möglichkeit, einen Teil oder das gesamte Studium im Ausland zu absolvieren und im Anschluss daran in wieder einem ganz anderen Land zu arbeiten. Solche Erfahrungen bereichern ungemein und helfen den jungen Menschen dabei, über andere und sich selbst zu reflektieren und daraus zu lernen.

Leseverstehen, Teil 3

Lesen Sie den folgenden Text und die Aussagen 13–23. Welche der Aussagen sind richtig (+), falsch (–) oder gar nicht im Text enthalten (x)? Es gibt jeweils nur eine richtige Lösung.

Markieren Sie Ihre Lösungen für die Aufgaben 13–23 auf dem Antwortbogen.

Stress, Stress, nichts als Stress: Dieses Gedanken-Stakkato kennen viele, das Gefühl, dass es zu viel wird mit den Anforderungen des Alltags. Studenten machen da keine Ausnahme. Warum sollten sie auch? Die Bologna-Reform gilt ohnehin als Beschleuniger für Stress und Druck; hinzukommen Prüfungsangst, Geldsorgen, aufreibende Nebenjobs, trübe Gedanken an die Zukunft etc. Das ist ein idealer Nährboden für Überforderung. Die Tatsache, dass sich auch Studenten aus gutem Grund wie im Hamsterrad fühlen können, überrascht nicht – eher schon die große Resonanz darauf: Sie macht den gestressten Studenten gewissermaßen zum Phänomen.

Das gilt auch für eine Studie der Universitäten Hohenheim und Potsdam, die kürzlich erstaunliche Zahlen zutage förderte. Demnach klagten 53 Prozent der Studenten über zu viel Stress, was insofern erstaunlich ist, als 50 Prozent der Deutschen ohne Studentenausweis dieselbe Auskunft geben. Mit anderen Worten: Das Gefühl, von Stress geplagt zu sein, ist in Hörsälen und Seminarräumen stärker verbreitet als an Arbeitsplätzen. Studenten assoziierten ihren Stress mit Zeitdruck, Leistungsdruck, Angst vor Überforderung oder Erwartungsdruck.

Kam diese Untersuchung in Zusammenarbeit mit der AOK, der Allgemeinen Ortskrankenkasse, zustande, so hatte sich zuvor schon die Techniker Krankenkasse (TK) der akademischen Klientel gewidmet und in einem Report zur Gesundheit von Studenten Vergleichbares herausgefunden. Zum Beispiel auch, dass bereits jeder fünfte Student therapeutische Unterstützung brauche und dass die Zahl der Studenten, die Psychopharmaka einnähmen, im Vergleich zu vorangehenden Studien wieder erheblich gewachsen sei. Ein weiteres Ergebnis war, dass sich zwar 54 Prozent der Studentinnen durch Stress erschöpft fühlten, aber nur ein Drittel der Studenten. Jeder vierte Student gab an, dass ihm gewohnte Ausgleichsstrategien nicht mehr ausreichten, um Stress abzubauen. Bei Studenten, die älter als 27 sind, stieg diese Rate sogar noch an. Das deckt sich im Wesentlichen mit Ergebnissen einer Umfrage des Deutschen Studentenwerks zum Thema „Studenten unter Stress“ vor einigen Jahren.

Kein Wunder also, dass sich die Ergebnisse solcher empirischen Untersuchungen in der deutschen Hochschullandschaft spiegeln. Stressbewältigung gehört zum Standard jeder guten Studienberatung, entsprechende Kurse sind weitverbreitet. Die Goethe-Universität Frankfurt ist nur ein Beispiel von vielen, aber sie ist mit ihrem Anspruch und ihrem Angebot in der Beratung typisch: Unter dem Titel „Stressbewältigung durch Achtsamkeit“ bietet sie unter anderem einen Kurs über zehn Wochen an, in dem es um jene Inhalte geht, die gerade Konjunktur haben: Entspannung und Körperwahrnehmung, Atem- und Bewegungsübungen, Meditationsübungen, Umgang mit stresserzeugenden Gedanken, Eigenwahrnehmung sowie Stresserleben. Solche psychotherapeutischen Angebote sind landesweit Usus, und auch die Rückmeldungen gleichen sich. Vom Studentenwerk Darmstadt etwa, das vergleichbare Hilfen bietet, heißt es: Die Nachfrage steigt, und die Wartezeiten werden länger.

Kürzlich wurde an der TU Kaiserslautern einmalig ein sogenannter Gesundheitstag auf dem Campus angeboten. Studenten konnten ihr Stresslevel ermitteln, Entspannungstechniken kennenlernen oder Ernährungstipps bekommen. Die TU startete zudem eine eigene Umfrage zur Gesundheit ihrer Studenten und ließ ihre Sportwissenschaftler anhand einer Forschungsarbeit erklären, welche Methoden Profisportler nutzen, um auch unter Druck leistungsfähig zu sein.

Dass die Techniker Krankenkasse Kooperationspartner der Aktion war, ist kein Einzelfall und typisch in einer Zeit wachsender Nachfrage. Sie war bereits an mehreren Hochschulen aktiv. An anderen Standorten ist das Thema Stress bereits in den Strukturen angekommen: Die Hochschule Coburg etwa, eine relativ kleine Hochschule, hat seit Jahren ein eigenes Referat für interne Gesundheitsförderung. Dort lernen Studentinnen und Studenten mit Stress umzugehen. Als Stressverstärker wurde auch hier das verkürzte Bachelor-Studium genannt, und es hieß, die Studierenden würden „zwischen Hörsaal und Alltag aufgerieben".

Ganz so schlimm ist es für Lara Pschorn zwar nicht, aber auch die 26-Jährige, die an der kleinen Hochschule Geisenheim in Hessen im ersten Semester Weinbau studiert, hat an einem Anti-Stress-Kurs teilgenommen – obwohl Geisenheim, ein Standort mit kaum 1500 Studenten und weiteren Studiengängen wie Gartenbau oder Landschaftsarchitektur, auf den ersten Blick eher beschaulich als besonders stressig wirkt. Die ganz große Hektik und übermäßigen Leistungsdruck vermutet man hier zunächst nicht. Lara Pschorn ist trotzdem zur Anti-Stress-Beratung gegangen. Nach einer abgeschlossenen Ausbildung als Schneiderin und dem Start als Studentin hatte sie das Gefühl, die neue Situation überfordere sie. Yoga, Meditation, Jogging – all das habe sie zur Stressbewältigung zwar schon ausprobiert, aber ihr sei es vor allem um Stressvermeidung gegangen. „Wenn ich aktive Strategien zur Hand habe, die mir nicht nur in akuten Stresssituationen, sondern auch schon davor helfen, fühle ich mich besser gewappnet – was vielleicht schon zu einer Reduktion von Stress führt", sagt sie. Eine Einschätzung, die andere breit angelegte Untersuchungen untermauern.

Auch Felix N. studiert in Geisenheim und hat bereits einen Kurs zur Stressbewältigung besucht. Er möchte lieber nicht unter vollem Namen über seine Erfahrungen berichten. Der 25-Jährige studiert „International Wine Business" an dem Ort, der als Hochburg des Weinanbaus gilt. Darüber hinaus verfügt er über längere Auslandserfahrung und hat eine abgeschlossene Ausbildung als Mechaniker in der Tasche. Nervenaufreibende Situationen im Arbeitsalltag sind ihm also nicht fremd. Allerdings brachte der Wechsel an die Hochschule auch für ihn Unsicherheit über die Anforderungen und den Lernumfang mit sich. Außerdem bekennt er: „Ich habe Prüfungsangst." Die Ungewissheit könne Stress verursachen, „den andere Studierende nicht nachvollziehen können", sagt er. Ihm tue es gut, mit Leuten zu sprechen, die genauso empfinden, und von professionellen Dozenten Techniken an die Hand zu bekommen, um den Stress zu reduzieren.

Schon den Autoren diverser Studien sind bei der Untersuchung von Stressempfinden an Hochschulen Besonderheiten aufgefallen: zum Beispiel, dass Studenten, die eine Nebenbeschäftigung haben, sich eben nicht gestresster fühlen als Kommilitonen ohne Nebenbeschäftigung. Es ist genau umgekehrt. Oder dass Studenten, die ihr Studium in der vorgesehenen Regelstudienzeit abschließen wollen, ebenfalls nicht automatisch größeren Stress empfinden als jene, die planen, das eine oder andere Semester dranzuhängen und die Regelstudienzeit zu ignorieren. Felix N. wiederum hat aus seinem Anti-Stress-Kurs eine Beobachtung mitgebracht, die bisher kaum beleuchtet wurde: „Mir ist aufgefallen, dass in unserem Kurs fast die Hälfte der Teilnehmer nicht in ihrer Muttersprache studieren." Hier käme also die Sprachbarriere als zusätzlicher Stressfaktor ins Spiel.

Andere Ursachen sind breiter untersucht, darunter die Fächerwahl. Die AOK-Studie hatte ergeben, dass sich Tiermediziner häufiger als andere Studenten großem Stress ausgesetzt sehen. Unter drei verschiedenen Stufen – niedrig, mittel, hoch – konstatierten 62 Prozent der Tiermediziner bei sich selbst das höchste Stresslevel. Agrar-, Forst- und Ernährungswissenschaftler folgten direkt dahinter mit 59 Prozent, Informatiker kamen auf 58 Prozent, angehende Ingenieure auf 55 Prozent. Die befragten Sportwissenschaftler attestierten sich nur zu knapp 42 Prozent ein hohes Stresslevel. Sie gelten seitdem als vergleichsweise stressresistent.

So gesehen, hat dieser Tage nicht die Spitze der gestressten Studenten Unterstützung von prominenter Seite bekommen, sondern eher das Mittelfeld. Ein prominenter Fernsehdoktor und Entertainer kritisierte nämlich den zu großen Stress für heutige Studierende der Humanmedizin. Diese Gruppe hatte sich selbst allerdings nur zu 51 Prozent ein hohes Stresslevel bescheinigt.

Welche der Aussagen sind richtig (+), falsch (–) oder nicht im Text enthalten (x)?

13 Durch den europäischen Reformprozess wurde die psychische Belastung für Studierende vermindert.

14 In Deutschland fühlen sich Menschen, die keine akademische Ausbildung durchlaufen, weniger gestresst als Studierende.

15 Deutsche Krankenkassen führten Studien über stressgeplagte Akademiker durch.

16 Stressbedingte Erschöpfung ist häufiger bei zukünftigen Akademikerinnen als bei männlichen Studierenden zu beobachten.

17 Je älter die Studierenden, umso schlechter können sie Stress ausgleichen.

18 Die Goethe-Universität von Frankfurt hebt sich durch ihr Angebot von allen anderen Hochschulen ab.

19 Die TU Kaiserslautern führte vor Kurzem eine regelmäßig stattfindende Beratung für gestresste Studierende ein.

20 Untersuchungen belegen, dass an kleineren Hochschulen der Leistungsdruck geringer ist.

21 Felix N. hat erst auf der Hochschule Erfahrungen mit Belastungszuständen gemacht.

22 Studierende, die einem Job nachgehen, leiden weniger unter Stress.

23 Studentinnen und Studenten der Sportwissenschaften scheinen Stress besser bewältigen zu können.

Welche der Überschriften a, b oder c passt am besten zum Text? Markieren Sie Ihre Lösung für die Aufgabe 24 auf dem Antwortbogen.

24 **a** Neue Angebote zum Umgang mit Stress

b Studierende von heute – entspannt wie nie

c Warum Stress beim Studium nützen kann

Sprachbausteine

Lesen Sie den folgenden Text. Welche Lösung (a, b, c oder d) ist jeweils richtig? Markieren Sie Ihre Lösungen für die Aufgaben 25–46 auf dem Antwortbogen. Lücke (0) ist ein Beispiel.

Nicht nur Verkäufer und Zahlen-Nerds

Es gibt fast nichts, ...0........ man nicht versichern kann: Bauern versichern sich gegen schlechtes Wetter, Fußballvereine versichern ihre Stars gegen Verletzungen, Konzerne ihre ....25........ für den Transport. Versicherungen selbst versichern sich bei Rückversicherungen, um im Katastrophenfall nicht pleitezugehen. Die Versicherungen brauchen dazu zwei Typen von Mitarbeitern: den Außendienstler, der im Dienstwagen von Kunde zu Kunde fährt, um Versicherungen anzubieten. Zusätzlich braucht es im Innendienst Menschen, die mit ....26........ und Verträgen umgehen können, um Risiken und Prämien zu ....27........: Analytiker und Zahlen-Nerds.

Derzeit arbeiten etwas mehr als 40 000 Hochschulabsolventen ....28........ von Versicherungen, die meisten von ihnen haben Wirtschaftswissenschaften studiert. Aber auch Juristen und Mathematiker arbeiten bei Versicherungen. Und Spezialisten aus anderen Bereichen: So ....29........ ehemalige Kapitäne heute Schiffsrisiken, und Kunsthistoriker bestimmen den Wert von Skulpturen.

Während die Finanzkrise vor allem die Banken ins Schleudern ....30........, kamen die meisten Versicherungen ....31........ glimpflich davon. Mittlerweile haben sie neue Konkurrenten. Einige junge, neu gegründete Unternehmen, sogenannte Insurtechs, versuchen mit effizienteren digitalen Geschäftsmodellen neue Märkte zu ....32......... Vor allem im Vertrieb: Vermittlungsplattformen wollen es Kunden ....33........, ihre Policen von verschiedenen Anbietern digital zu verwalten, empfehlen daher ....34........ Produkte und hoffen auf Verkaufsprovisionen.

Das heißt: Versicherungen brauchen innovativen ....35......... Doch ....36........ 1,3 Prozent von mehr als 200 000 befragten Wirtschaftsstudenten nannten die Versicherungswirtschaft als eine ....37........ fünf beliebtesten Branchen. Und das, obwohl die für die Befragten wichtigsten ....38........ – nämlich Work-Life-Balance und Jobsicherheit – bei Versicherungen überdurchschnittlich gut bewertet wurden.

Viele Versicherungen haben in den letzten Jahren auch Teams ....39........ Naturwissenschaftlern zusammengestellt, die klimatische Veränderungen ....40........ und daraus ....41........ entwickeln sollen. Oft mit einem ganz praktischen Zugang: „Wir beschäftigen uns ....42........, wie sich Wetterveränderungen auf Unfälle und auf das Sicherheitsbedürfnis unserer Kunden ....43........ und was das für unseren Versicherungsschutz bedeutet“, so ein Brancheninsider. Einsteiger mit naturwissenschaftlichem Hintergrund ....44........ „perspektivisch sehr wichtig“.

Wie fast alle Branchen sucht auch die Versicherungswirtschaft IT-Experten. Das hat damit ....45........, dass Geschäftsfelder wie Cyber Security wachsen. Risiken, die sich durch die Digitalisierung ergeben, müssen abgesichert werden. Wer aus großen Datenmengen mit Programmierkenntnissen oder statistischen Methoden ....46........ ziehen kann, habe hier gute Chancen. Ob man theoretische Physik oder Wirtschaftsinformatik studiert habe, sei eher zweitrangig, so die Versicherer.

Beispiel:

0 **a** –
b den
c was
d wen

a b c d

25 **a** Anwesen
b Grundstücke
c Güter
d Höfe

26 **a** Statikern
b Statisten
c Statistiken
d Stativen

27 **a** anrechnen
b berechnen
c umrechnen
d verrechnen

28 **a** aus Dienst
b außer Dienst
c im Dienst
d in Dienst

29 **a** bewerten
b punkten
c tippen
d urteilen

30 **a** brachte
b lieferte
c schickte
d sendete

31 **a** Verhältnis mäßig
b verhältnismässig
c verhältnismäßig
d verhältnissmäßig

32 **a** abschließen
b beschließen
c erschließen
d schließen

33 **a** entgegenkommen
b erleichtern
c unterstützen
d zufriedenstellen

34 **a** absprechende
b entsprechende
c versprechende
d vorsprechende

35 **a** Nachfahren
b Nachfolge
c Nachkommen
d Nachwuchs

36 **a** gerade einmal
b noch einmal
c nun einmal
d schon einmal

37 **a** Ihre
b ihrem
c ihren
d ihrer

38 **a** Affekte
b Aspekte
c Objekte
d Subjekte

39 **a** aus
b durch
c für
d wegen

40 **a** befolgen
b beobachten
c einhalten
d respektieren

41 **a** Risikogeschäfte
b Risikopapiere
c Risikopatienten
d Risikoprognosen

42 **a** dadurch
b dafür
c dagegen
d damit

43 **a** auswirken
b bewirken
c erwirken
d verwirken

44 **a** sei
b seien
c war
d waren

45 **a** zu arbeiten
b zu machen
c zu schaffen
d zu tun

46 **a** Schlüsse
b Schlüssel
c Schüsse
d Schüssel

Hörverstehen, Teil 1

22

Sie hören die Meinungen von acht Personen. Sie hören die Meinungen nur einmal. Entscheiden Sie beim Hören, welche Aussage (a–j) zu welcher Person passt. Zwei Aussagen passen nicht. Markieren Sie Ihre Lösungen für die Aufgaben 47–54 auf dem Antwortbogen.

Lesen Sie jetzt die Aussagen a–j. Sie haben dazu eine Minute Zeit.

Essen in der Mensa

a Angesichts der Qualität der angebotenen Speisen sind die Preise in der Mensa zu hoch.

b An den Universitäten fehlen Essensangebote für Studierende mit Lebensmittelunverträglichkeiten.

c Bei besonderen Essgewohnheiten gibt es in der Mensa keinerlei Probleme.

d Das Preis-Leistungs-Verhältnis passt bei den Angeboten der Mensa besser als woanders.

e Erfreulicherweise zeigt sich an den Mensen eine positive Entwicklung.

f Großküchen und eine bewusste Einstellung zum Essen widersprechen einander.

g In der Mensa kann man täglich ohne großen Zeitaufwand eine warme Mahlzeit bekommen.

h Studentenvertreter prangern überfüllte Mensen und Hygienemängel an.

i Trotz einiger Nachteile gehört das Essen in der Mensa zum Unialltag dazu.

j Vom gesundheitlichen Standpunkt aus lässt das Angebot der Mensa einiges zu wünschen übrig.

Hörverstehen, Teil 2

23

Sie hören eine Radiosendung. Sie hören die Sendung nur einmal. Entscheiden Sie beim Hören, welche Aussage (a, b oder c) am besten passt. Markieren Sie Ihre Lösungen für die Aufgaben 55–64 auf dem Antwortbogen.

Lesen Sie jetzt die Aufgaben 55–64. Sie haben dazu drei Minuten Zeit.

55 Ein Schnupperstudium

a ermöglicht den Zugang zu allen Veranstaltungen.

b soll eine Entscheidungshilfe sein.

c wird vorerst nur probeweise angeboten.

56 Der junge Mann, Adnan,

a entschied sich bereits in der Schule für eine Studienrichtung.

b schwankte lange zwischen Natur- und Geisteswissenschaften.

c wollte ursprünglich nicht zur Universität gehen.

57 Im Schnupperstudium

a organisieren Hochschulen Informationstage an den Schulen.

b besucht man die gleichen Lehrveranstaltungen wie bei einem regulären Studium.

c werden alle Lehrveranstaltungen fest vorgegeben.

58 Während seines Orientierungsstudiums

a erhielt Adnan Einblick in die aktuelle Forschung.

b hatte Adnan Zugang zu allen Versuchsräumen.

c war Adnan zusätzlich als Tutor tätig.

59 Für das Orientierungsstudium

a durften sich nur inländische Studierende anmelden.

b musste man eine besondere Physikprüfung ablegen.

c war der Zugang zahlenmäßig nicht beschränkt.

60 Nach dem MINT^{grün}-Studium

a brauchte sich Adnan nicht mehr neu bewerben.

b musste sich Adnan beim Prüfungsausschuss vorstellen.

c wurden Adnan bestimmte Leistungen gutgeschrieben.

61 Die Auswahl der Lehrveranstaltungen

a nahm immer der Projektleiter vor.

b umfasste Pflichtfächer und Wahlfächer.

c war nicht nach Adnans Geschmack.

62 Die Studiengebühren

a deckten auch die Krankenversicherung mit ab.

b umfassten auch einen Studentenausweis.

c waren für Adnans MINT^{grün}-Studium ermäßigt.

63 Die „echten" Studierenden

a gaben Adnan wertvolle Tipps.

b rieten Adnan von seiner Wahl ab.

c waren nicht besonders kommunikativ.

64 Rückblickend gesehen,

a blieben nach dem Orientierungsstudium einige Zweifel.

b kann Adnan ein Orientierungsstudium nur eingeschränkt befürworten.

c war das Orientierungsstudium für Adnan äußerst gewinnbringend.

Hörverstehen, Teil 3

24

Sie hören einen Vortrag. Sie hören den Vortrag nur einmal. Sie haben Handzettel mit den Folien der Präsentation erhalten. Schreiben Sie die fehlenden Informationen stichwortartig in die freien Zeilen 65–74 in der rechten Spalte. Die Lösung 0 ist ein Beispiel.

Lesen Sie jetzt die Stichworte. Sie haben dazu eine Minute Zeit.

Präsentation	Ihre Notizen
Vermittlung von Forschungsergebnissen an eine breite Öffentlichkeit Thema **0** „ … “ Vortragende: Saba Keïta	**0** *Wissenschaftskommunikation*
Erster grundlegender Punkt, der eine angemessene wissenschaftliche Kommunikation erforderlich macht: **65** … **Zweiter Punkt:** **66** …	**65** ………… **66** …………
USA – Schulung in Wissenschaftskommunikation **Deutschland** – Nachholbedarf **Forderung:** **67** …	**67** …………

Sinnhaftigkeit von Fachsprachen

Fachsprache ist also:

68 ...

Weitergabe von wissenschaftlichen Inhalten – ausschlaggebend für die **Wahl der Sprache**:

69 ...

68 ....

....

....

....

69 ....

....

....

Erster Adressatenkreis:

die internationale Wissenschaftsgemeinde

Nächste Zielgruppe:

70 ...

Dritte Gruppe:

71 ...

70 ....

....

....

71 ....

....

....

Verständliche Kommunikation

Einfache **Grundregeln:**

- erklären, weshalb und für wen ihre Forschung wichtig ist
- keine Methoden erklären
- **72 ...**

72 ....

....

....

....

....

....

NaWik – Abkürzung steht für:

73 ...

will

74 ...

liefern, um Forschung besser kommunizieren zu können

73 ....

....

....

74 ....

....

....

Sie haben jetzt fünf Minuten Zeit, Ihre Antworten zu den Aufgaben 65–74 auf den Antwortbogen zu übertragen.

Schriftlicher Ausdruck

Wählen Sie eines der folgenden zwei Themen. Schreiben Sie einen Text, in dem Sie Ihren eigenen Standpunkt dazu erarbeiten und argumentativ darlegen. Ihr Text soll mindestens 350 Wörter umfassen.

Sie haben 70 Minuten Zeit.

Thema 1

In einem Seminar an Ihrer Universität sollen Sie Ihre Haltung zu dem Thema **„Private Förderung von Forschung“** reflektieren. Greifen Sie die unten genannten Zitate auf, berücksichtigen Sie auch Ihre eigenen Erfahrungen und legen Sie Vor- und Nachteile verschiedener Positionen dar. Fassen Sie Ihre Ergebnisse zusammen.

„Universitäre Forschung darf nicht allein vom Staat und seinen Zuwendungen abhängen.“

„Mit privater Förderung wird die Forschung durch Privatinteressen gelenkt.“

oder

Thema 2

In einem Seminar an Ihrer Universität sollen Sie Ihre Haltung zu dem Thema **„Studium – mit oder ohne akademische Lernbegleitung?“** reflektieren. Greifen Sie die unten genannten Zitate auf, berücksichtigen Sie auch Ihre eigenen Erfahrungen und legen Sie Vor- und Nachteile verschiedener Positionen dar. Fassen Sie Ihre Ergebnisse zusammen.

„Studierende brauchen konstante Unterstützung durch die Dozenten.“

„Autonomes Lernen während des Studiums fördert eigenständiges Denken.“

Mündlicher Ausdruck

Teil 1A: Präsentation (3 Minuten)

In einer Veranstaltung an Ihrer Universität sollen Sie ein Kurzreferat (ca. 3 Min.) halten. Wählen Sie eines der Themen aus. Sie können sich Notizen machen (Stichworte, keinen zusammenhängenden Text). Denken Sie auch an eine Einleitung und einen Schluss bzw. ein Fazit. Ihr Referat soll gut gegliedert sein und das Thema verständlich und ausführlich darstellen. Im Anschluss werden Ihnen Fragen gestellt.

Teilnehmer/in A

Themen

- Einige Bildungspolitiker fordern die Berücksichtigung außerschulischer Kompetenzen für das Hochschulstudium. Sind Sie der Meinung, dass zum Beispiel Erfahrungen aus ehrenamtlicher Tätigkeit angerechnet werden sollten? Begründen Sie Ihre Ansicht.
- Immer mehr Universitäten bieten Elternabende oder Probevorlesungen für Väter und Mütter an. Wie weit sollten Ihres Erachtens Eltern in das Studium eingebunden werden? Berichten Sie von unterschiedlichen Haltungen, die Sie beobachten konnten.

Teilnehmer/in B

Themen

- Es gibt zahlreiche Überlegungen, wie man Schulräume für Kinder optimal gestalten kann. An Hochschulen wird diesem Thema wenig Aufmerksamkeit gewidmet. Denken Sie, dass die Gestaltung von Lehrveranstaltungsräumen für Studierende vernachlässigt wird? Erläutern Sie Ihre Einschätzung.
- In manchen Ländern sind an Universitäten strenge Kleidungsvorschriften für besondere Anlässe einzuhalten. Berichten Sie von Ihren eigenen Erfahrungen mit Kleiderordnungen an Bildungseinrichtungen. Vergleichen Sie mit einem Land Ihrer Wahl.

Teilnehmer/in C

Themen

- Kritiker bemängeln die fehlende Berufsbezogenheit vieler geisteswissenschaftlicher Studiengänge. Sind Sie der Meinung, dass an Universitäten stärker praxisbezogen gelehrt werden sollte? Legen Sie Ihre Ansichten dar.
- Nebenjobs im Studium bringen einige Vorteile mit sich, bergen jedoch auch die Gefahr, das Studium zu vernachlässigen. Berichten Sie von Ihren Erfahrungen bzw. Beobachtungen und vergleichen Sie mit einem Land Ihrer Wahl.

Teil 1B: Zusammenfassung und Anschlussfragen (2 Minuten)

Machen Sie sich Notizen, während Ihre Partnerin/Ihr Partner ihre/seine Präsentation hält.
Im Anschluss fassen Sie die Präsentation Ihrer Partnerin/Ihres Partners zusammen.

Stellen Sie dann Ihrer Partnerin/Ihrem Partner Anschlussfragen.

Teil 2: Diskussion (6 Minuten)

Teilnehmer/in A/B/(C)

Diskutieren Sie mit Ihrer Partnerin oder Ihrem Partner über:

Wer wissenschaftliche Arbeiten fälscht,
muss mit Konsequenzen rechnen.

Studierende profitieren in vielerlei Hinsicht von einem Wohnortwechsel für das Studium.

Sprachliche Ausdrucksfähigkeit ist für jeden Studiengang unerlässlich.

Aufgabe

- Wie verstehen Sie diese Aussage?
- Inwiefern teilen Sie diese Ansicht?
- Geben Sie dazu Gründe und Beispiele an.
- Gehen Sie auch auf die Argumente Ihrer Partnerin / Ihres Partners ein.

Antwortbogen

1	a	b	c	d	e	f	g	h	1
2	a	b	c	d	e	f	g	h	2
3	a	b	c	d	e	f	g	h	3
4	a	b	c	d	e	f	g	h	4
5	a	b	c	d	e	f	g	h	5
6	a	b	c	d	e	f	g	h	6

7	a	b	c	d	e	7
8	a	b	c	d	e	8
9	a	b	c	d	e	9
10	a	b	c	d	e	10
11	a	b	c	d	e	11
12	a	b	c	d	e	12

13	+	–	x	13
14	+	–	x	14
15	+	–	x	15
16	+	–	x	16
17	+	–	x	17
18	+	–	x	18
19	+	–	x	19
20	+	–	x	20
21	+	–	x	21
22	+	–	x	22
23	+	–	x	23

24	a	b	c	24

25	a	b	c	d	25
26	a	b	c	d	26
27	a	b	c	d	27
28	a	b	c	d	28
29	a	b	c	d	29
30	a	b	c	d	30
31	a	b	c	d	31
32	a	b	c	d	32
33	a	b	c	d	33
34	a	b	c	d	34
35	a	b	c	d	35

36	a	b	c	d	36
37	a	b	c	d	37
38	a	b	c	d	38
39	a	b	c	d	39
40	a	b	c	d	40
41	a	b	c	d	41
42	a	b	c	d	42
43	a	b	c	d	43
44	a	b	c	d	44
45	a	b	c	d	45
46	a	b	c	d	46

47	a	b	c	d	e	f	g	h	i	j	47
48	a	b	c	d	e	f	g	h	i	j	48
49	a	b	c	d	e	f	g	h	i	j	49
50	a	b	c	d	e	f	g	h	i	j	50
51	a	b	c	d	e	f	g	h	i	j	51
52	a	b	c	d	e	f	g	h	i	j	52
53	a	b	c	d	e	f	g	h	i	j	53
54	a	b	c	d	e	f	g	h	i	j	54

55	a	b	c	55
56	a	b	c	56
57	a	b	c	57
58	a	b	c	58
59	a	b	c	59
60	a	b	c	60
61	a	b	c	61
62	a	b	c	62
63	a	b	c	63
64	a	b	c	64

for Raters

65 — 0 1 2

66 — 0 1 2

67 — 0 1 2

68 — 0 1 2

69 — 0 1 2

70 — 0 1 2

71 — 0 1 2

72 — 0 1 2

73 — 0 1 2

74 — 0 1 2

Bewertungskriterien Schriftlicher Ausdruck

Die Beurteilung der schriftlichen Leistung erfolgt nach vier Kriterien:

1. Aufgabengerechtheit
2. Korrektheit
3. Repertoire
4. Kommunikative Gestaltung

Innerhalb dieser Kriterien wird die Leistung danach beurteilt, ob sie dem Zielniveau C1 „in jeder Hinsicht" (A), „vorwiegend" (B), „vorwiegend nicht" (C) oder „überhaupt nicht" (D) entspricht.

1. Aufgabengerechtheit

Zielniveau

- Der Text deckt die Aufgabenstellung in Bezug auf die inhaltlichen Vorgaben voll ab.
- Der Text hat einen „roten Faden".
- Kritische Auseinandersetzung mit dem Thema findet statt.

Bewertung Aufgabengerechtheit

A	B	C	D
Der Text entspricht durchgängig den Anforderungen der jeweiligen Aufgabe.	Der Text entspricht weitgehend den Anforderungen der jeweiligen Aufgabe. Text ist weitgehend adressaten- / situationsgerecht.	Der Text entspricht den Anforderungen nur teilweise. Text entspricht der Textsorte / Situation nur ansatzweise.	Der Text entspricht den Anforderungen (fast) überhaupt nicht. Textsorte und /oder Thema ist nicht getroffen.

2. Korrektheit

Zielniveau

- Sehr wenige oder keine Fehler in Morphologie, Syntax und Orthografie, einige wenige Fehler bei komplexen Satzkonstruktionen.

Bewertung Korrektheit

A	B	C	D
Der Text zeigt durchgängig dem Zielniveau entsprechende Kompetenz.	Der Text zeigt größtenteils dem Zielniveau entsprechende Kompetenz. Fehler kommen (fast) nur in komplexen Strukturen vor und stören das Textverständnis nicht.	Der Text weist auch in einfachen Strukturen mehrere Fehler auf und / oder das Textverständnis ist beeinträchtigt.	Der Text enthält auch in einfachen Strukturen zahlreiche Fehler und / oder der Text ist beim ersten Lesen an einigen Stellen unverständlich.

3. Repertoire

Zielniveau

- Der Text zeigt weitreichende Kompetenz in Bezug auf Umfang und Komplexität des Ausdrucks.
- Komplexere Satzformen werden verwendet, wo sie angemessen sind.

Bewertung Repertoire

A	B	C	D
Der Text zeigt durchgängig dem Zielniveau entsprechende Kompetenz.	Der Text zeigt an wenigen Stellen sprachliche Einschränkungen, einfachen Wortschatz oder einfache Strukturen.	Der Text zeigt an mehreren Stellen sprachliche Einschränkungen, häufig einfachen Wortschatz oder einfache Strukturen und/oder häufige Wiederholung von Wendungen. Wenn komplexe Strukturen versucht werden, sind sie fehlerhaft; das Verständnis ist teilweise beeinträchtigt.	Der Text zeigt (fast) durchgängig sprachliche Einschränkungen, fast nur einfache Strukturen. TN wiederholt Wendungen sehr häufig und nutzt (fast) nur einfachen Wortschatz. Wenn komplexe Strukturen versucht werden, sind sie sehr fehlerhaft und weitgehend unverständlich.

4. Kommunikative Gestaltung

Zielniveau

- Der Text ist auch auf der Mikroebene (Absätze / Sinnabschnitte) gut strukturiert.
- Angemessene Verknüpfungsmittel werden verwendet. Die Absätze / Sinnabschnitte sind hinsichtlich Kohäsion und Kohärenz gelungen.

Unter „Verknüpfungen" sollte die ganze Vielfalt der Kohäsionsmittel verstanden werden, nicht nur Konnektive.

- Substitution – Unter-, Oberbegriffe; Synonyme
- Pro-Formen (Pronomina, Adverbien, Demonstrativpronomina etc.)
- Ellipse *(Rom hat mir gefallen. Paris weniger.)*
- Explizite Verknüpfung *(wie oben ausgeführt ..., unter Punkt 3 ...)*
- Tempusverwendung (informiert bei richtigem Gebrauch über zeitliche Abfolge von Ereignissen)
- Artikelverwendung (unbestimmter Artikel führt bisher Ungenanntes ein, bestimmter Artikel verweist auf bereits Eingeführtes), Thema / Rhema
- Konnektive bzw. Konjunktionen sowie Pronominaladverbien *(und, weil, deswegen, darüber ...)*

Bewertung Kommunikative Gestaltung

A	B	C	D
Der Text entspricht dem geforderten Niveau durchgehend.	Der Text entspricht dem geforderten Niveau weitgehend, bis auf vereinzelte Unklarheiten in der Struktur und /oder teils einfache Verknüpfungen.	Der Text ist nicht immer klar gestaltet. Er hat einige Brüche in der Struktur und einige nicht funktionierende oder (fast) nur einfache Verknüpfungen.	Der Text ist an vielen Stellen unklar, hat eine unklare Struktur und viele nicht funktionierende Verknüpfungen bzw. (fast) keine Verknüpfungen.

„Thema verfehlt“

Wenn sich die Schreibleistung nicht auf eines der zur Wahl stehenden Themen bezieht, wird das Kennzeichen „Thema verfehlt“ vergeben. In diesem Fall wird die Arbeit in allen vier Kriterien mit „D“ bewertet.

Punkteverteilung

Kriterium	A	B	C	D
Aufgabengerechtheit	12	8	4	0
Korrektheit	12	8	4	0
Repertoire	12	8	4	0
Kommunikative Gestaltung	12	8	4	0

insgesamt: 48 Punkte

Bewertungskriterien Mündlicher Ausdruck

Die Beurteilung der mündlichen Leistung erfolgt nach fünf Kriterien:

1. Aufgabengerechtheit
2. Flüssigkeit
3. Repertoire
4. Grammatische Richtigkeit
5. Aussprache und Intonation

Innerhalb dieser Kriterien wird die Leistung danach beurteilt, ob sie dem Zielniveau C1 „in jeder Hinsicht“, „vorwiegend“, „vorwiegend nicht“ oder „überhaupt nicht“ entspricht.

Im Folgenden werden die Kriterien ausdifferenziert und mit leicht modifizierten Kann-Bestimmungen auf Grundlage des Gemeinsamen europäischen Referenzrahmens für Sprachen: lernen, lehren, beurteilen (GER) verdeutlicht.

Die inhaltliche Angemessenheit wird für jeden Prüfungsteil getrennt bewertet, die sprachliche Angemessenheit für die Mündliche Prüfung insgesamt.

1. Aufgabengerechtheit

Dieses Kriterium wird jeweils gesondert für die drei Teile der Mündlichen Prüfung (1A, 1B und 2) angewendet.

Zielniveau

- Die gestellte Aufgabe wird erfüllt.
- TN beteiligt sich aktiv am Gespräch.
- Die Beiträge sind gut strukturiert.
- Die Kommunikation ist adressatenbezogen.

⇒ Auf die einzelnen Aufgaben bezogen heißt das:

Präsentation:	Kann komplexe Sachverhalte **klar und detailliert** und **gut strukturiert** beschreiben und darstellen und dabei untergeordnete Themen integrieren, bestimmte Punkte genauer ausführen und alles mit einem angemessenen Schluss abrunden. Kann dabei die eigenen Standpunkte **ausführlich** darstellen und durch Unterpunkte, geeignete Beispiele oder Begründungen stützen. Kann Geschichten erzählen und dabei Exkurse machen, bestimmte Punkte genauer ausführen und alles mit einem angemessenen Schluss abrunden. Kann **Anschlussfragen** ... beantworten.
Zusammenfassung und Anschlussfragen:	Kann komplexer Interaktion Dritter oder Präsentationen Dritter **leicht folgen**, auch wenn abstrakte, komplexe, nicht vertraute Themen behandelt werden. *Kann Gesagtes so effektiv zusammenfassen, dass ein beim Gespräch nicht Anwesender adäquat informiert wäre. [dies nicht im GER]* Kann **Anschlussfragen** stellen, um zu überprüfen, ob er/sie verstanden hat, was ein Sprecher sagen wollte, und um missverständliche Punkte zu klären.
Diskussion:	Kann **komplexen Diskussionen leicht folgen und auch dazu beitragen**, selbst wenn abstrakte, komplexe und wenig vertraute Themen behandelt werden. Kann überzeugend eine **Position vertreten**, Fragen und Kommentare beantworten sowie auf komplexe Gegenargumente flüssig, spontan und angemessen reagieren. Kann zum Fortgang einer Arbeit beitragen, indem er/sie andere auffordert, mitzumachen oder zu sagen, was sie darüber denken usw.

(GER, Schlüsselbegriffe hervorgehoben)

Bewertung

A	B	C	D
TN-Leistung entspricht (fast) durchgängig den Anforderungen der jeweiligen Aufgabe.	TN-Leistung entspricht weitgehend den Anforderungen der jeweiligen Aufgabe.	TN-Leistung entspricht den Anforderungen in mehreren Merkmalen nicht.	TN-Leistung entspricht den Anforderungen (fast) überhaupt nicht, oder: TN beteiligt sich kaum aktiv an der Lösung der Aufgabe.

2. Flüssigkeit

Zielniveau

- TN spricht sehr flüssig und spontan, mit wenig Zögern, um nach Worten zu suchen.
  TN spricht nicht unbedingt schnell, aber in gleichmäßigem Tempo ohne Stockungen.
- TN nutzt Verknüpfungsmittel, sodass die Kommunikation kohärent ist.
- Die Kommunikation wirkt natürlich. Pausen stören die Kommunikation nicht.

⇒ Kann sich **beinahe mühelos** spontan und fließend ausdrücken; **nur begrifflich schwierige Themen können den natürlichen Sprachfluss beeinträchtigen.** (GER, Schlüsselbegriffe hervorgehoben)

Bewertung

A	B	C	D
Die Kommunikation wirkt (fast immer) natürlich. TN spricht durchgängig flüssig und kohärent.	Die Kommunikation wirkt weitgehend natürlich. TN spricht weitgehend flüssig mit wenigen Stockungen.	Die Kommunikation ist teilweise gestört. TN stockt öfter, um nach Worten zu suchen.	Es kommt zu Pausen, die das Verstehen behindern können. TN kann nur zu einfachen Themen relativ flüssig sprechen.

3. Repertoire

Zielniveau

- Das sprachliche Repertoire ist breit, die Ausdrucksweise abwechslungsreich und der Aufgabe angemessen.
- TN macht nicht den Eindruck, sich inhaltlich einschränken zu müssen.
- TN nutzt komplexe Satzformen.

⇒ Kann aus seinen/ihren umfangreichen Sprachkenntnissen Formulierungen auswählen, mit deren Hilfe er/sie sich klar ausdrücken kann, **ohne sich in dem, was er/sie sagen möchte, einschränken zu müssen.** Beherrscht einen großen Wortschatz und kann bei Wortschatzlücken **problemlos Umschreibungen** gebrauchen; offensichtliches Suchen nach Worten oder der Rückgriff auf Vermeidungsstrategien sind selten. Gute Beherrschung idiomatischer Ausdrücke und umgangssprachlicher Wendungen. **Gelegentliche kleinere Schnitzer,** aber keine größeren Fehler im Wortgebrauch. Kann Inhalt und Form seiner Aussagen der **Situation und dem/der Kommunikationspartner/in anpassen** und sich dabei so förmlich ausdrücken, wie es **unter den jeweiligen Umständen angemessen** ist.

(GER, Schlüsselbegriffe hervorgehoben)

Bewertung

A	B	C	D
TN zeigt (fast) durchgängig dem Zielniveau entsprechende Kompetenz.	TN schränkt sich an einigen Stellen sprachlich ein, nutzt gelegentlich Umschreibungen oder Vereinfachungen.	TN schränkt sich oft sprachlich ein, nutzt oft Umschreibungen oder Vereinfachungen.	TN zeigt kein breites Spektrum an sprachlichen Mitteln, fast nur einfache Strukturen.

4. Grammatische Richtigkeit

Zielniveau

- Es treten fast keine Fehler in Morphologie, Genus oder Syntax auf, nur gelegentlich bei komplexeren Satzkonstruktionen.

⇒ Kann beständig ein **hohes Maß an grammatischer Korrektheit** beibehalten; **Fehler sind selten** und fallen kaum auf.

(GER, Schlüsselbegriffe hervorgehoben)

Bewertung

A	B	C	D
TN zeigt (fast) durchgängig ein hohes Maß an grammatischer Korrektheit.	TN zeigt größtenteils dem Zielniveau entsprechende Kompetenz mit Fehlern (fast) nur in komplexen Strukturen.	TN macht etliche Fehler, nicht nur bei komplexen Strukturen.	TN macht zahlreiche Fehler, die es manchmal erschweren, ihm/ihr zu folgen.

5. Aussprache und Intonation

Zielniveau

- Aussprache und Intonation sind klar und natürlich.
- Wort- und Satzmelodie sind korrekt.
- TN kann Intonation einsetzen, um Bedeutungsnuancen zu vermitteln.

⇒ Kann die Intonation variieren und so betonen, dass **Bedeutungsnuancen** zum Ausdruck kommen. Hat eine **klare, natürliche** Aussprache und Intonation erworben. (GER, Schlüsselbegriffe hervorgehoben)

Bewertung

A	B	C	D
TN zeigt trotz eines Akzentes durchgängig klare und natürliche Aussprache und Intonation.	TN zeigt größtenteils klare und natürliche Aussprache und Intonation. Gelegentlich ist erhöhte Aufmerksamkeit erforderlich.	TN macht Fehler in Aussprache und Intonation, die durchgängig erhöhte Aufmerksamkeit erfordern.	TN macht zahlreiche Fehler, die es manchmal erschweren, ihm/ihr zu folgen.

Punkteverteilung Inhaltliche Angemessenheit

1 Aufgabengerechtheit

Kriterium	A	B	C	D
Teil 1A: Präsentation	6	4	2	0
Teil 1B: Zusammenfassung und Anschlussfragen	4	2	1	0
Teil 2: Diskussion	6	4	2	0

insgesamt: max. 16 Punkte

Punkteverteilung Sprachliche Angemessenheit (alle Teile)

Kriterium	A	B	C	D
2 Flüssigkeit	8	5	2	0
3 Repertoire	8	5	2	0
4 Grammatische Richtigkeit	8	5	2	0
5 Aussprache und Intonation	8	5	2	0

insgesamt: max. 32 Punkte

Lektion 1: Leseverstehen, Teil 1

Aufgabe 1b

1b *Der Großteil* bezieht sich auf *Mehr als eine Milliarde Menschen weltweit*

2c *Auf diese Weise*

3a *So*

Aufgabe 2a

1c Im ersten Satz wird auf die *Veränderung* und die Möglichkeit des weltweiten *Kontakts* hingewiesen.

2a Im Text wird ein neuer Punkt, die *sozialen Netzwerke*, angeführt. Häufig schließt sich daran eine kurze Definition an.

3b Das Verb *behaupten* zeigt, dass der Autor des Textes sich vom Gesagten distanziert und vermutlich noch andere Meinungen/Argumente darstellen möchte.

Aufgabe 2b

1 *früher* und *heute* präzisieren den Vergleich zwischen Kontakten und beziehen sich auf *im Laufe von wenigen Jahren* aus dem vorangegangenen Satz; Antwort a ist zu allgemein, weil die Geschichte des Internets mehr als Kontaktmöglichkeiten erläutern würde, Antwort b ist wiederum zu spezifisch, weil Chatportale nur eine Kontaktmöglichkeit sind.

2 *soziale Netzwerke = hier;* Antwort b enthält eine falsche Aussage und ist damit unwahrscheinlich, Antwort c würde dem Text ein völlig neues Thema geben.

3 *allenfalls* bezieht sich auf die Negation im vorgegangenen Satz; *wirkliche menschliche Nähe wird es aber kaum ersetzen können* stimmt mit *dass sich zwischenmenschliche Beziehungen nicht in virtuellen Räumen herstellen lassen* überein; Antwort a widerspricht dem vorangegangenen Satz ein wenig, weil Partnerportale damit werben, eben doch zwischenmenschliche Beziehungen über das Netz herstellen zu können, Antwort c führt den Gedanken zu Beziehungen nicht weiter.

Aufgabe 3a

1 *[Es] lässt sich häufig nicht feststellen, woher diese Meldungen stammen.*

2 *... dass manche Menschen im Internet mit sehr viel weniger Hemmungen agieren als im direkten Kontakt.*

3 *... erhalten immer mehr Menschen Zugang zum Internet.*

4 *(Dem Internetnutzer stehen) zahlreiche Angebote (zur Verfügung)*

5 *... darin gefördert werden, das Internet sinnvoll zu nutzen und sich vor Gefahren zu schützen.*

6 *... nicht zu viel Zeit in virtuellen Räumen zu verbringen.*

Aufgabe 3b

1 Aufgrund dessen, 2 Dafür, jedoch, 3 Dazu, unter anderem, 4 Es, 5 bei

Aufgabe 4a

1a Der Gedanke wird sinnvoll weitergeführt. *Einschreibung* ist der Beginn des Studiums, *Abschluss* das Ende. Antwort b führt den Gedanken nicht weiter, weil hier eher die Vergangenheit im Fokus steht. Antwort c würde ein neues Thema beginnen, nämlich die akademische Ausbildung *im Allgemeinen*. So wird der Gedanke zu Fernuniversitäten nicht weitergeführt.

2c Hier wird festgestellt, dass sich die *Anerkennung* vielleicht ändert, wenn es eine Veränderung auf dem *Arbeitsmarkt* gibt, und führt damit den Gedanken weiter. Antwort a führt den Gedanken der *Anerkennung* nicht weiter, sondern bezieht sich auf einen neuen Qualifizierungsweg. Antwort b führt den Gedanken der *Anerkennung* ebenfalls nicht weiter, sondern bezieht sich eher auf die persönliche Entscheidung zwischen Studium und Berufsausbildung.

3a Hier wird der Gedanke zur *Belastung* sinnvoll weitergeführt, indem Beispiele dafür genannt werden. Antwort b bezieht sich gar nicht auf den Satz davor. Antwort c thematisiert die *Belastung* ebenfalls nicht.

Aufgabe 4b

1c *Jüngere Studierende* passt zu *Beginn des Studiums*. *Masterstudium* findet später statt. So ergibt sich ein zeitlicher Verlauf.

2a *umfassende Betreuung* führt zu *personellen Herausforderungen* und das führt schließlich zur *Erweiterung der Kapazitäten* bzw. zum *Anstieg der Kosten*.

3a Hier gibt es eine Einschränkung *(nur für sehr theoretische Studienfächer)*, welche sich an die grundsätzliche Aussage anschließt. Durch diese Einschränkung ist es *ausgeschlossen, dass Fernuniversitäten das traditionelle Modell irgendwann vollständig ablösen werden.*

Aufgabe 5a

Lösungsvorschläge:

1 bereits umgesetzte Maßnahmen/Projekte (mit denen Jugendliche lernen sollen, das Internet sinnvoll zu nutzen)

2 neue/aktuelle Frage zur Nutzung der Angebote

3 Welche Aspekte?

4 Folgen/Konsequenzen

5 Wofür sind die Erholungsphasen?/Was bedeutet „Erholungsphasen"?

Aufgabe 5b

1c, 2a, 3c, 4b, 5a

Aufgabe 5c

Lösungsvorschläge:

1 Daher hat man viel unternommen, um Jugendlichen zu zeigen, wie sie das Internet sinnvoll nutzen können. / Daher wurden viele Projekte durchgeführt, die Jugendliche dabei unterstützen sollten, das Internet sinnvoll zu nutzen.

2 Aktuell stellt sich jedoch die Frage, wozu oder wie oft man das Internet nutzen sollte.

3 Drei Aspekte sollten dabei beachtet werden. / Drei Aspekte spielen dabei eine bedeutende Rolle.

4 Das hat im Wesentlichen zwei Konsequenzen:

5 Es braucht Zeit zum Regenerieren. / Es braucht Zeit zum Verarbeiten.

Aufgabe 6

1e, 2d, 3c, 4h, 5g, 6a

Lektion 2: Leseverstehen, Teil 2

Aufgabe 1b

Antwort 1: Eine Definition ist eine klare Erläuterung eines Begriffs oder Phänomens. Das kommt hier nicht vor.

Antwort 2: „Polemisieren" bedeutet, dass man etwas zuspitzt oder schärfer formuliert, um den Leser von etwas Negativem zu überzeugen bzw. dessen Gefühle anzusprechen. Dieser Text ist eher sachlich.

Antwort 3: Der Umzug der Regierung nach Berlin hatte für Bonn negative Folgen, d. h. Nachteile. Der Autor nennt hier einige.

Antwort 4: Der Autor beschreibt die Situation und die negativen Folgen für Bonn in der Vergangenheit. Er nennt Fakten, keine Meinungen.

Antwort 5: Auch Vermutungen werden nicht angestellt. Es handelt sich um Tatsachen.

Aufgabe 2a

1c Die Autorin informiert sachlich über das Geschehen.

2e Die Autorin drückt mit dem Wort *unglücklicherweise* ihr persönliches Bedauern aus.

3g Die Autorin vermutet, dass nicht alle Bürger glücklich sind. Das lässt sich an dem Modalverb *mögen* erkennen.

4f Das Verb *beruhen auf* verweist auf einen Grund.

5h Der Vergleich des Ministers mit einem *pubertierenden Jugendlichen* ist polemisch und soll dem Leser verdeutlichen, dass der Minister keine gute Arbeit geleistet hat.

6b/f Der Verlauf der Ereignisse bis zum Rücktritt wird in einem Satz zusammengefasst. Weiterhin werden Gründe für das Zurücktreten des Ministers genannt *(wachsende Kritik, Unstimmigkeiten im Kabinett)*.

7a/g Die Formulierung *auch positive Aspekte* verweist auf eine Hoffnung; *könnte* drückt eine Vermutung aus.

8d Hier ist das Gegenteil gemeint. Die Autorin möchte ausdrücken, dass ein *bisweilen müder* Minister immer noch besser ist als keiner *(ohne)*.

Aufgabe 2b und 2c
Lösungsvorschläge:

Aussageabsicht	Sprachliche Mittel
Hoffnung ausdrücken	hoffentlich, zuversichtlich, etwas stimmt hoffnungsvoll
zusammenfassen	*schließlich*, zuerst, dann, danach, außerdem, darüber hinaus, zusammenfassend, insgesamt
ironisieren	*sicherlich*, natürlich, selbstverständlich, bestimmt
bedauern	*unglücklicherweise*, bedauerlicherweise, leider, es ist schade/bedauerlich, dass ...
Gründe nennen	*beruhen auf*, führen zu, zurückzuführen sein auf, auslösen, bedingen, basieren auf, daher, deshalb, deswegen, wegen, aufgrund von, infolge
Vermutungen anstellen	*könnte*, sollte, möglicherweise, vielleicht, wahrscheinlich, denkbar, vorstellbar, an(zu)nehmen

Aufgabe 2d
Lösungsvorschläge:
gut = vorteilhaft, vielversprechend, günstig, förderlich, aussichtsreich, herrlich, sinnvoll, problemlos
schlecht = problematisch, ungünstig, nachteilig, gefährlich, risikoreich, bedrohlich, schwierig

Aufgabe 2e
Lösungsvorschläge:
1 Es war bestimmt eine großartige Idee, dass der Bundestag 1991 beschlossen hatte, von Bonn nach Berlin umzuziehen. (Ironie)
2 Der 1991 vom Bundestag beschlossene Umzug der Regierung von Bonn nach Berlin dürfte zu einigen Belastungen des Steuerzahlers führen. (Vermutung)
3 Es ist schade, dass der Umzug der Regierung von Bonn nach Berlin im Jahr 1991 vom Bundestag beschlossen wurde, ohne Meinungen aus der Bevölkerung zu berücksichtigen. (Bedauern)
4 Berlin wurde trotz der Teilung Deutschlands immer als die Hauptstadt betrachtet. Daher beschloss der Bundestag 1991 den Umzug der Regierung dorthin. (Grund)
5 Man mag zuversichtlich sein, dass der 1991 vom Bundestag beschlossene Umzug der Regierung nach Berlin vorteilhaft für die Region ist. (Hoffnung)
6 Durch die 1991 selbstherrlich getroffene Entscheidung der Parlamentarier mit ihren wüsten Hauptstadtphantasien wird mit dem Umzug der Regierung von Bonn nach Berlin einiges auf den Steuerzahler zukommen. (Polemik)

Aufgabe 3a
Lösungsvorschläge:
an den Leser appellieren, Forderungen stellen, kritisieren, sich amüsieren, vorherige Aussagen relativieren, Erstaunen ausdrücken, Erwartungen aussprechen, Vergleiche anstellen, erläutern, Vor- und Nachteile erörtern ...

Aufgabe 3b
1d, 2c, 3d

Aufgabe 4a
1a, 2d, 3b

Aufgabe 4b
1 *sollte (...) selbstverständlich sein, Schätzen wir diese Möglichkeit und tragen wir so zu unserer Zukunft bei.*
2 *doch einfach*, rhetorische Fragen, Ende widerspricht Anfang
3 *so*, Strukturierung durch *zwei Stimmen, die erste, die zweite*

Aufgabe 5
1a, 2c, 3d, 4a, 5e, 6e

Lektion 3: Leseverstehen, Teil 3

Aufgabe 1a
1+, 2x, 3–

Aufgabe 2a
1–, 2x, 3–, 4+, 5x, 6x, 7+, 8–

Aufgabe 2b
1 *riesig* und *winzig* sind Antonyme.
2 *schick* und *rot* sind Eigenschaften, die sich nicht auf die Größe des Autos beziehen.
3 *gerade mal zwei Personen* deutet auf ein kleines Auto hin.
4 *riesig* und *sehr groß* sind Synonyme.
5 Der Text sagt aus, dass das Auto *groß* ist, aber nicht, ob es Spaß macht, damit zu fahren.
6 Der Text spricht nur über die Gegenwart *(hat)*, über die Vergangenheit *(hatte)* wird nichts ausgesagt.
7 Wenn man damit *so einiges transportieren* kann, muss das Auto groß sein.
8 *passt in jede Parklücke* trifft auf kleine Autos zu.

Aufgabe 3a
1+ *Wertminderungen werden sich nicht vermeiden lassen* bedeutet, dass es auf jeden Fall zu Wertminderungen/Kursverlusten kommen wird.
2x *Wertsteigerungen* (Antonym zu *Kursverlusten*) werden im Text nicht erwähnt.
3+ *an Wert verlieren* stimmt mit *Kursverlusten* überein.
4– Der Ausdruck *geringfügige Auswirkungen* widerspricht den *Kursverlusten*.
5+ *sich negativ auf bestimmte Aktienkurse auswirken* bedeutet, dass es bei einigen Aktien zu *Kursverlusten* kommt.
6+ Dass man *die eine oder andere Aktie günstiger erwerben* kann bedeutet, dass ihr Preis sinken wird.
7x Der Text spricht keine Empfehlung für Aktieninhaber aus.
8– *Aktien werden teurer* ist das Gegenteil von *Kursverluste*.
9+ *Verluste bei den Aktienkursen* und *nicht jedes Wertpapier davon betroffen* entspricht *Kursverlusten* und *bei einigen Wertpapieren*.
10+ *nachgeben* bedeutet, dass der Wert sinkt.
11– *alle* ist nicht das Gleiche wie *einige*.
12x Der Text spricht über die Zukunft, zur Vergangenheit wird nichts gesagt.
13x Der Text enthält keine Bewertung der Situation.

Aufgabe 3b
1 Turbulenzen Synonyme: Schwankungen, Auf und Ab, Instabilität, turbulente Situation, Kursschwankungen, schwankender Trend Antonyme: stabile Lage, Stabilität, ruhige Lage, stabile Steigerung, stete Abnahme
2 Wertpapier Synonyme: Aktie, Anteil
3 Kursverlust Synonyme: Wertminderung, Kurse/Aktienwerte nehmen ab, geben nach, sinken, gehen zurück, fallen, schrumpfen Antonyme: Wertsteigerung, Kursgewinn, Kurse/Aktienwerte nehmen zu, steigen, erhöhen sich, wachsen, ziehen an, legen zu
4 AngesichtsSynonyme: aufgrund, wegen, führen zu, infolge

Aufgabe 4a
1e, 2d, 3g, 4b, 5c, 6h, 7f, 8a

Aufgabe 4b
50 % = die Hälfte
67 % = gut/mehr als/über/ca. zwei Drittel
75 % = drei Viertel
100 % = alle, die Gesamtheit
25 % = ein Viertel

Aufgabe 4c
1–, 2+, 3+, 4+, 5–, 6–, 7+, 8–, 9+, 10+, 11+, 12–, 13+, 14–, 15–, 16–, 17–, 18–, 19+, 20+, 21–, 22+, 23+, 24–, 25+, 26–, 27+, 28–

Aufgabe 4d
immer (100 %) → oft/häufig → regelmäßig → manchmal → ab und zu/hin und wieder → selten → nie(mals) (0 %)

Aufgabe 4e
Lösungsvorschläge:
1 Wenn man sich besser organisiert, hat man keinen Stress.
2 Wenn die Zinsen niedrig sind, sparen die Menschen nicht.
3 Nach Meinung von Experten gibt es demnächst keine / Experten rechnen demnächst nicht mit einer Konjunktursteigerung.
4 Die Firma hat das Kreditangebot der Bank nicht akzeptiert/angenommen.
5 Ein Arbeitgeber sollte nicht erwarten, dass die Mitarbeiter permanent erreichbar sind.

Aufgabe 4f
1 Die positive Entwicklung des Investmentfonds ist für Anleger sicher interessant.
2 Bei Geschäften mit hohen Renditechancen kann es zu Verlusten kommen/muss man mit Verlusten rechnen.
3 Zeitweise können Stresssymptome auftreten.

Aufgabe 5a
Die Zusammenfassung sollte folgende Informationen enthalten:
- Heike Szelinski hat sich mit der Idee, ein Café mit Kinderbetreuung zu gründen, selbstständig gemacht
- sie hatte Erfahrungen in dem Bereich
- ihr Unternehmen ist gescheitert
- warum das passiert ist, ist nicht eindeutig zu benennen
- eine Gründung ist immer ein Risiko

Aufgabe 5b
3.
Antworten 1 und 2 beziehen sich jeweils nur auf Teilaspekte/Detailinformationen des Textes, sie fassen den Text nicht zusammen.

Aufgabe 6
1+, 2+, 3–, 4x, 5+, 6+, 7x, 8–, 9+, 10+, 11–, 12b

Lektion 4: Sprachbausteine

Aufgabe 1a
1 In Deutschland <u>kommt</u> die Diskussion zum Thema Umweltschutz immer mehr <u>in den Fokus</u> der Politik.
2 Die weltweit steigenden Müllberge werden von Umweltschützern <u>für eine Gefahr erkannt</u>.
3 Doch im Grunde hätten die Politiker schon vor Jahren reagieren <u>gemusst</u>.
4 Heute stehen wir <u>durch das Versagen</u> vor großen ökologischen Herausforderungen.
5 Die folgenden <u>Genneratione</u>n werden hoffentlich umsichtiger mit unserem Planeten umgehen.

Aufgabe 1b
1 in den Fokus <u>rücken</u> (W)
2 etwas für eine Gefahr <u>halten</u> oder etwas <u>als</u> Gefahr erkennen (W)
3 hätten reagieren <u>müssen</u> (G)
4 <u>aufgrund</u> des Versagens (W)
5 <u>Generationen</u> (R)

Aufgabe 3b
1b In diesem Beispiel geht es um einen temporalen Kontext: Erst ist der Müll an Land, am Ende im Meer. Es werden keine Gründe, Folgen oder Bedingungen für diesen Vorgang genannt. *dagegen* beschreibt einen adversativen Zusammenhang, *schließlich* einen temporalen, *sonst* einen konditionalen und *stattdessen* einen adversativen Zusammenhang.
2d Es handelt sich hier um die Auflösung eines Relativsatzes: *riesige Felder, die auf der Meeresoberfläche schwimmen*. Die Umformung eines Relativsatzes geschieht mit dem Partizip I oder Partizip II des Verbes, welches die Form eines Adjektivs annimmt.
Partizip I von schwimmen: *schwimmend*
Partizip II von schwimmen: *geschwommen*
Die Antworten a und c können daher bereits ausgeschlossen werden. Da das Verb *schwimmen* hier eine aktivische Bedeutung hat, ist das Partizip I die korrekte Form.
3c *warnen vor etw.*
4d Hier soll aufgrund des Kontextes die richtige Form des mehrgliedrigen Prädikats gefunden werden. Die Wörter *erwarten* und *ausgehen von* drücken in diesem Beispiel eine Prognose für die Zukunft aus, das schließt die Antworten a und b (Passiv Vergangenheit) aus. Weiterhin werden Prozesse in der Zukunft beschrieben *(steigen wird)*. Antwort c benennt allerdings einen Zustand in der Gegenwart und kann somit ebenfalls ausgeschlossen werden.
5d Hier wird ein Ausdruck abgefragt, mit welchem Quellen angegeben werden. Die Antworten a und b verweisen durch die Demonstrativpronomen *dieser* und *jenem* auf eine Quelle oder einen Bericht, welche im Text bereits hätten genannt müssen. Dies ist nicht der Fall. Antwort c ist eine Gegenüberstellung, welche im vorangegangen Text keinen Gegensatz findet.
6a *ablagern*
7d Dieses Beispiel fragt dezidiert nach der Adjektivdeklination. Sie erkennen anhand des Nomens *Daten*, dass es sich um die Pluralform handeln muss. Die Präposition *mit* verlangt eindeutig den Dativ.
8d
9a

Aufgabe 4
1c, 2c, 3d, 4d, 5c, 6d, 7c, 8c, 9c, 10a, 11d, 12a, 13d, 14c, 15a, 16a, 17a, 18d, 19c, 20d, 21d, 22b

Lektion 5: Hörverstehen, Teil 1

Aufgabe 1a
Lösungsvorschlag:
1 flexible Arbeitsmodelle = Hilfe
2 Auto schlechter als Zug
3 Junge Menschen: pendeln = problemlos
4 Nachteile: wenig untersucht

Aufgabe 1b
Lösungsvorschlag:
1 Freiheit, Selbstbestimmung über Arbeitsort und -zeit / Unterstützung, besser
2 Pkw / nicht so gut, umständlicher, negativ / öffentliche Verkehrsmittel, Bahn
3 Jugend, nach dem Studium, der Ausbildung / ohne Probleme, ganz natürlich
4 Antonyme: Vorteile, profitieren, der Nutzen / keine Daten, wenig erforscht

Aufgabe 1c
Lösungsvorschlag:
Ich bin eigentlich ein <u>Pendelgegner</u>, aber nun fahre ich doch <u>jeden Tag mit dem Auto eine lange Strecke</u> zur Arbeit. Der Grund war <u>Karrieredruck</u>, weil alle meine Freunde gut bezahlte Jobs hatten und ich <u>in meiner Stadt keinen Job mit Aufstiegsmöglichkeiten</u> finden konnte. Nun habe ich <u>mehr Geld und erhalte auch mehr Anerkennung</u>, also alles, was ich unter einem beruflichen Aufstieg verstehe. Beruflich weiterzukommen ist für mich sehr wichtig, dennoch muss ich sagen, dass ich einen gewissen Preis dafür zahle: Ich habe durch das Pendeln <u>weniger Freizeit</u> und bin <u>öfter gestresst</u>, wenn ich auf der Arbeit oder zu Hause ankomme. Einerseits nehme ich das gern in Kauf, denn ich habe nun eine sehr gute Position erreicht. Andererseits möchte ich demnächst mal eine Veränderung wagen: Ich möchte <u>öfter mit dem Zug fahren</u>, weil ich da <u>in Ruhe lesen</u> kann.

Aufgabe 1d

1 Er ist Gegner des Pendelns, beruflicher Aufstieg und Karriere sind ihm wichtig.

2 Jetzt pendelt er noch mit dem Auto, in Zukunft möchte er öfter mit dem Zug fahren.

3 Grund fürs Pendeln: Es gibt keine guten Jobs in seiner Stadt.
Konsequenzen: Er hat weniger Freizeit und fühlt sich öfter gestresst.
Ziel: Er wollte mehr Anerkennung und beruflichen Aufstieg.

4 keine Information dazu im Text vorhanden

Aufgabe 2b

Lösungsvorschläge:

1 fertig mit Studium = junge Person: pendelt schon lange, sucht Job mit Pendeln, Pendeln = gehört dazu, macht nichts aus, findet Lösung für Nachteile des Pendelns

2 Änderung Arbeitsort (Homeoffice) = Unterstützung

3 anfangs gern Auto gefahren, Skepsis gegenüber Bahn, dann negative Erfahrungen gesammelt, dann zur Bahn gewechselt und positiv überrascht

Aufgabe 2c

Sprecher 1: 3 Für jüngere Arbeitnehmer ist ein langer Weg zur Arbeit mittlerweile kein Hindernis mehr.

Sprecher 2: 1 Flexible Arbeitsmodelle sind eine große Hilfe für Pendler.

Sprecher 3: 2 Pendeln mit dem Auto ist oft anstrengender als Pendeln mit dem Zug.

Aufgabe 3

1d, 2a, 3g, 4c, 5e, 6b, 7j, 8f

Lektion 6: Hörverstehen, Teil 2

Aufgabe 1

Obwohl die Gesundheit der Bevölkerung Deutschlands tendenziell immer besser wird (konzessiv), *darf man die steigende Zahl der Volkskrankheiten nicht außer Acht lassen. Während noch vor einigen Jahren* (adversativ) *viele der heutigen Volkskrankheiten als Begleiterscheinungen anderer Beschwerden galten, sind sie nun als eigene Krankheit einzuordnen und zu behandeln. Bluthochdruck, Rückenleiden und Stoffwechselprobleme zählen zu den häufigsten Volkskrankheiten. Verursacht werden sie vor allem durch eine ungesunde Lebensweise* (modal) *wie Rauchen, Alkoholmissbrauch, schlechte Ernährungsgewohnheiten, Stress und Bewegungsmangel. Bei familiärer Vorbelastung* (konditional) *können diese Krankheiten natürlich auch entstehen, obwohl die Betroffenen einen gesunden Lebensstil pflegen* (konzessiv).

Aufgabe 2b

1 Chronische Schmerzen dauern länger als drei bis vier Monate.

2 Die Zahlen steigen und wir reden heute mehr über das Thema.

3 verbesserte Haltung am Schreibtisch, Sport als beste Medizin, Aufbau der Grundmuskulatur

4 Behandlung ist individuell. Diese Mittel eignen sich zur Schmerzlinderung, bekämpfen aber nicht die Ursache.

5 Einiges spricht für alternative Heilmethoden, es gibt jedoch keine eindeutigen Untersuchungen dazu.

Aufgabe 2c

1c Konditional: *Generell gehen wir davon aus, dass von einer Chronifizierung gesprochen werden kann, wenn Schmerzen länger als drei bis vier Monate andauern.*

2a Kausal: *Wir reden heute mehr darüber, weil es immer mehr Menschen gibt, die an dieser Volkskrankheit leiden.*

3a Modal: *Viel wäre schon durch eine verbesserte Haltung am Schreibtisch getan. Sport ist auch in diesem Fall die beste Medizin – vor allem eine gute Grundmuskulatur im Rücken ist eine Voraussetzung für ein schmerzfreies Dasein.*
Durch markiert den modalen Zusammenhang. Es handelt sich hier um eine Art Aufzählung (*verbesserte Haltung, Sport, gute Grundmuskulatur*).

4b Modal: *Natürlich steht für die Ärzte Heilung, also Ursachenbekämpfung, im Vordergrund, doch nicht immer lassen sich die Auslöser schnell und einfach diagnostizieren. Und dann steht das zweite Ziel im Mittelpunkt: dem Patienten erst mal einen schmerzfreien Alltag zu ermöglichen. Das geschieht in der Regel durch* Tabletten und Salben.

5a Konzessiv: *Studien zeigen immer wieder, dass die Alternativmedizin der Schulmedizin überlegen sein kann. Dennoch sind diese Ergebnisse nicht zweifelsfrei, denn in der Regel umfassen diese Studien nur Patienten, welche diesen Behandlungsformen zugetan sind (...)*

Aufgabe 3a

1a, 2a, 3b ,4c

Aufgabe 3b

1 Die App

a benötigt für ihre Berechnungen jeden Tag aktuelle Eintragungen.

b errechnet aus den eingegebenen Daten Vorschläge für kalorienarme Mahlzeiten.
≠ Die App berechnet, ob und wie viel gegessen werden darf. Sie macht keine Vorschläge.

c lässt sich nach einer aufwendigen Installation ohne viel Zeitaufwand verwenden.
≠ Die App kostet Zeit und Nerven, ist eine Herausforderung.

2 Miriam

a hätte nicht mit einem so vielfältigen Angebot an Fitnessvideos gerechnet.

b hat erst nach einer halben Stunde Suche im Internet Fitnessvideos gefunden.
≠ Sie hat in der ersten halben Stunde Videos geschaut, sie musste nicht suchen, es gibt eine große Auswahl.

c möchte durch Online-Training ihre Eigenmotivation stärken.
≠ Wenn man bereits Motivation hat, ist dieses Training hilfreich.

3 Andreas

a möchte lieber nicht zu unterschiedlichen Zeitpunkten seine Trainingseinheiten absolvieren.
≠ Die Apps klingelten zu unterschiedlichen und ungünstigen Zeiten.

b möchte sich nicht von seinem Handy den Zeitplan diktieren lassen.

c wollte mithilfe der Fitness-Apps seine Faulheit überwinden.
≠ Er ist nicht faul, er hatte aber keinen Spaß an dieser Trainingsform.

4 Nach dem Trainingsprogramm im Ganzkörperanzug

a bekam Monika sofort Muskelkater.
≠ Am nächsten Tag bekam sie Muskelkater.

b fühlte Monika ein Kribbeln an einigen Körperteilen.
≠ Sie fühlte das Kribbeln während des Trainings, nicht nach dem Training.

c hatte Monika ihre anfänglichen Zweifel überwunden.

Aufgabe 4

1b, 2a, 3b, 4a, 5b, 6c, 7b, 8b, 9b, 10c

Lektion 7: Hörverstehen, Teil 3

Aufgabe 1a

Lösungsvorschläge:

1 Zunahme der Zahl der Studierenden / Zunahme der Studierendenzahl

2 Keine Veränderung beim Anteil der Lehrenden

3 Häufige Diskussion über die Qualität des Studiums in Deutschland

4 Entstehen des Wunsches nach Auslandsstudium

5 Einrichtung von Förderprogrammen für Nachwuchswissenschaftler seitens der Politik

6 Verbesserung der Karriereoptionen an Hochschulen

7 Anstieg der Anzahl von Förderanträgen, Forschungsprojekten, Institutspartnerschaften, der Qualität in der Lehre

Aufgabe 1b

1 Verbesserung der Qualität der Ausbildung
2 Resultat: Mehr Förderanträge
3 deutsche Unis für ausländische Studierende attraktiver
4 Abschaffung älterer und kleinerer Studiengänge
5 Ziel für die Zukunft: Gleichgewicht zwischen Tradition und Innovation

Aufgabe 1c

1 Entstehung neuer Studiengänge und Wegfall alter Studiengänge, Ursache: Wandel auf dem Arbeitsmarkt, Folge: Notwendigkeit der Weiterbildung, Lösung: Fernstudium
2 Angebot Fernuniversität: nicht vollumfänglich, vor allem Natur- und Wirtschaftswissenschaften; Abschluss: Bachelor/Master
3 Zweifel: Gleichwertigkeit der Abschlüsse; Abschlüsse sind aber staatlich anerkannt, Zweifel unbegründet
4 Positive Bewertung des Abschlusses durch Arbeitgeber, da Fernstudium Selbstmanagement und Disziplin erfordert

Aufgabe 2a

1 Finanzierung
2 praktische Teil
3 Unternehmensgründerin
4 zu breit angelegt ist
5 die Studienphasen mit den entsprechenden Schwerpunkten

Aufgabe 2b

1 a Selbstorganisation, b Erfahrung in Projektplanung, c Teamarbeit
2 d Konzentration auf nur ein Unternehmen, e nach der Ausbildung Verbleib im Unternehmen
3 f Behinderung durch wirtschaftliche Interessen, g Vorgabe der Studieninhalte
4 h Informatik, i BWL
5 j Seminararbeiten planen und schreiben, k Versuche durchführen und dokumentieren, l Referate anfertigen
6 m Studierende mit finanziellen Sorgen/ohne wohlhabende Eltern

Aufgabe 2c

1+, 2–, 3+, 4–, 5–

Aufgabe 3a

0 Hinweiswort: *Fachdidaktikseminar*
1 Jeder Vierte liest keine Bücher (Hinweiswort: *Zentrale Aussage*)
2 Bücher werden weiterhin/auch in Zukunft noch gelesen (Hinweiswort: *Medienpädagogischer Forschungsverbund*)

Aufgabe 3c

3 + Schreiben eigener Texte
+ kreative Verarbeitung des Gelesenen
In Beispielantwort 1 ist die Antwort *kreativ* zu allgemein gehalten, es wird nicht klar, was damit gemeint ist.
In Beispielantwort 2 ist *Verbreitung* eine falsche Information, es muss *Verarbeitung* heißen.

4 + Lieder
+ Stücke (= Theaterstücke)
In Beispielantwort 2 werden *Spiele* genannt. Auch dies ist eine falsche Information, im Vortrag ist jedoch von *Hörspielen* die Rede. Eine weitere richtige Antwortmöglichkeit wäre *Interviews*.

5 + Literaturinterpretation
In Beispielantwort 1 wird die *Alltagsinterpretation* genannt. Dies ergibt keinen Sinn, es müsste entweder *Alltagskommunikation* oder *Literaturinterpretation* heißen.

6 + kreatives Schreiben
Beispielantwort 1 nennt *Literatur im Mittelpunkt* als neue Methode, diese Aussage ist falsch, denn genau das Gegenteil ist hier richtig: *Literatur /das literarische Kunstwerk nicht im Mittelpunkt.*

Aufgabe 3d

7 (erste) Liebe, Freundschaft, Familie (2 von 3 möglichen Lösungen erforderlich)
8 (Verfassen eines) neuen Endes (einer Geschichte), (Schreiben eines) Briefes an (die) Hauptfigur/Brief an (die) Hauptfigur schreiben (1 von 2 möglichen Lösungen erforderlich)
9 doppelsinnig, lustig (1 von 2 möglichen Lösungen erforderlich)
10 Autonomie des Lesers/Leser soll selbst entscheiden

Aufgabe 3e

Beispielantwort 1

7 Richtige Lösungen sind *Familie, Freundschaft, erste Liebe*; zwei davon werden genannt.
8 *Hauptfigur schreibt* → Es ist unverständlich, was damit gemeint ist. Richtig wäre z. B. *der Hauptfigur einen Brief schreiben.*
9 Richtige Lösungen sind *lustig* oder *doppelsinnig*, eine davon wird genannt.
10 *Leser ist selbst* → Es ist unverständlich, was damit gemeint ist. Richtig wäre z. B. *Leser entscheidet selbst.*

Beispielantwort 2

7 Richtige Lösungen sind *Familie, Freundschaft, erste Liebe*; zwei davon werden genannt.
8 *Brief schreiben* → Es wird nicht klar, an wen der Brief geschrieben werden soll, die Antwort ist ungenau.
9 Richtige Lösungen sind *lustig* oder *doppelsinnig*, eine davon wird genannt.
10 *Autonomie des Lesers* ist eine richtige Antwort.

Aufgabe 4

1 freies Selbststudium/freies Lernen
2 individuelles Selbststudium/individuelles Lernen
3 von Lehrbeauftragten veranlasst.
4 (während der Umsetzung) beraten/Beratung
5 Basiswissen wird vermittelt/muss vermittelt werden/Vermittlung von Basiswissen (in den Lehrveranstaltungen)
6 Anknüpfung(spunkte) an (konkrete) Erfahrungen
7 Mehrere Fragestellungen zur (Aus-)Wahl /(Aus-)Wahlmöglichkeiten / Auswahl an Fragestellungen
8 Zwischenergebnisse verlangen
9 (ausführliches) Feedback geben
10 fortgeschrittene Lernprozesse anstoßen

Lektion 8: Schriftlicher Ausdruck

Aufgabe 1a

1 Empfehlung
2 Forderung
3 Behauptung
4 aktueller Bezug
5 Entscheidungsfrage

Aufgabe 1b

Lösungsvorschläge:

1 Bei Gruppenarbeit arbeiten immer nur einige, die anderen ruhen sich aus.
2 Ist die Gruppenarbeit so effizient, wie man glaubt?
3 Gruppen sollten aus nicht mehr als sieben Personen bestehen.
4 Studierende und Berufstätige müssen in der Lage sein, in einer Gruppe in möglichst kurzer Zeit zu einem sinnvollen Ergebnis zu kommen.
5 Aktuellen Studien zufolge fühlen sich Menschen in Kleingruppen mit fünf bis sieben Mitgliedern am wohlsten.

Aufgabe 1c
Textbeispiel 1

- Aufhänger: aktueller Bezug – *Heutzutage ist...*, (Entscheidungs)frage – *Führt Teamarbeit immer [...] oder verlangsamt [...]?*
- Fragestellung: *ist das die optimale Arbeitsart? Führt Teamarbeit immer [...]*
- Weiteres Vorgehen: *Im folgenden Text werde ich diesen Fragen nachgehen.*

Textbeispiel 2

- Aufhänger: –
- Fragestellung: *Was versteht man, wenn man das Wort „Teamarbeit" hört?*
- Weiteres Vorgehen: –

Aufgabe 2a

1d, 2c, 3e, 4a, 5b

Aufgabe 2b

1 Argument: *Laut einer Studie kommt es bei einer ständigen Nutzung von mobilen Geräten häufig zu Entwicklungsstörungen,*
Beispiel: *wie etwa Konzentrationsstörungen.*
These: *Zu viel Smartphone-Nutzung kann Kinder krank machen.*

2 These: *Manche argumentieren, dass unsere Sprache durch die Verwendung in den neuen Medien kreativer wird.*
Argument: *Abkürzungen und Smileys in Kurznachrichten lassen uns Dinge kommunizieren, die wir nur mit Worten nicht benennen können.*
Beispiel: *Denn mithilfe von Emoticons lassen sich Gefühle ausdrücken und dies kann die Sprache bereichern.*

3 Argument: *Viele Spiegelübersetzungen aus anderen Sprachen zeigen das Verständnis von der Welt.*
Beispiel: *So bedeutet das ungarische Wort für* Wolke *„warme Luft, die nach oben steigt".*
These: *Sprachliche Unterschiede lassen uns die Welt unterschiedlich ordnen und geben die Möglichkeit, anders auf die Welt zu schauen. Mit jeder neu gelernten Sprache erwirbt man eine neue Seele.*

4 These: *Man kann nicht nicht kommunizieren.*
Beispiel: *Wenn ein Redner schweißgebadet ist und rote Flecken bekommt, noch bevor er etwas geäußert hat, signalisiert dies seine Aufregung vor der Rede.*
Argument: *So zählen neuesten Studien zufolge Erröten und Schwitzen eindeutig zu den nonverbalen Kommunikationssignalen, die interkulturell zweifelsfrei verstanden werden.*

Aufgabe 2c

1 b (*angeblich*, nach Aussagen anderer) → c (in der Evolution begründet) → a (Studie als wissenschaftlicher Beleg)

2 c (eigene Erfahrung) → a (allgemeine Aussage) → b (Studie)

Aufgabe 2d
Textbeispiel 1

1 *Gruppenarbeit nur Zeit kostet* (These), *ewigen Diskussionen, ganz oft ohne Ergebnissen* (Argument), *muss man natürlich auch ihre Meinung hören und nicht nur seine eigene ideen entwickeln* (Beispiel).

2 *kann man dann auch eine bessere Lösung finden* (These), *mehrere Leute gibt, die an einer Aufgabe arbeiten, gibt es auch mehr Möglichkeiten in der Arbeit* (Argument).

3 *Teamarbeit ist aber leider nicht immer erfolgreich* (These), *Es gibt Menschen, die im Team einfach nicht arbeiten können* (Argument), *Sie akzeptieren die Meinungen der anderen nicht und möchten alles selbst entscheiden* (Beispiel).

4 *Das führt natürlich zum Streit. Und wenn es in der Arbeitsgruppe Streit gibt, kann man über Erfolg nur träumen* (Argument).

5 *andere Menschen auch ihre Meinung haben und können sogar eine bessere Idee wie die eigene produzieren. Am ersten Platz steht doch das Ziel, das erreicht werden muss, und nicht die Ambitionen jedes Einzelnen. Deshalb wenn man nicht damit ruhig leben kann, soll man am besten allein arbeiten* (Argument).

6 *Für die jenigen aber, die es normal finden, nicht immer am Top zu bleiben und die anderen auch dorthin lassen, ist die Teamarbeit eine gute Alternative* (Argument), *Sie haben immer die Möglichkeit, sich zu äußern, und gleichzeitig den anderen Studenten zu zuhören. D.h. allen bringen Ihre Kenntnissen ein und so lernen sie einer von anderen* (Beispiel).

7 *Aber wenn wir übers Studium sprechen, dann bin ich für Teamarbeit* (Argument), *In einer Gruppe arbeitend, können Studenten einander helfen, und nicht nur das Material zu lernen. Sie lernen auch an einer Diskussion teilzunehmen, ihre Meinung zu begründen und ihre Fehler zu zugeben* (Beispiel).

Textbeispiel 2

1 *die Teamarbeit schon in der Steinzeit bekannt war* (These). *Wären die Urleute nicht zusammen jagen gegangen, hätten sie nichts zum essen* (Beispiel). *Und in Teamarbeit wurde es viel leichter zu machen* (Argument).

2 *Teamarbeit sogar Zeit sparen kann* (These), *Wenn die Leute im Team arbeiten, bekommen sie mehr Ideen in kürzerer Zeit* (Argument), *Falls jemand nach ein gutes „Teamarbeit" Beispiel sucht, kann seine Aufmerksamkeit auf „Apple Inc." umdrehen. Diese Firma hat vieles Erfolg mit der Teamarbeit erreicht. Sogar während die Pause, die der Chef grade macht, werden die Mitarbeiter alles was sie für dieses Jahr geplant haben erreichen* (Beispiel).

3 *Als Nachteil sehe ich nur das, dass die Firma mehr ausgeben muss um gutes Team aufzubauen* (These), *aber wenn das Unternehmen große Einkommen bekommt, kann es weiter gut funktionieren* (Argument).

Aufgabe 3a
Textbeispiel 1

Abschließend möchte ich meine eigene Meinung sagen. Ich denke, dass [...]

Für [...] halte ich Teamarbeit aber für eine gute Lösung.

Textbeispiel 2

Meiner Meinung nach [...] Ich bin der Meinung, dass [...].

Aufgabe 3c

Zustimmung	Ablehnung	Unentschlossenheit
Die Argumentation finde ich stimmig.	Ich finde diese Aussage unlogisch.	In diesem Punkt bin ich unschlüssig.
Diese Aussage bringt es auf den Punkt.	Die Aussage finde ich zweifelhaft.	Zu diesem Punkt kann ich nicht klar Stellung beziehen.
Das spiegelt meine Auffassung wider.	Das muss man differenzierter betrachten.	

Aufgabe 3d

Lösungsvorschläge:

Zustimmung: Die Aussage, dass Gestik und Mimik entscheidend sind für eine gelungene Kommunikation, bringt es auf den Punkt. Dass Kinder nicht mit dem Smartphone spielen sollten, spiegelt meine Auffassung wider.

Ablehnung: Ich finde die Aussage, dass Kommunikation erlernbar ist, zweifelhaft. Dass man in SMS auf Abkürzungen verzichten sollte, finde ich unlogisch.

Unentschlossenheit: Ich bin unschlüssig, ob Kinder bereits im Kindergarten die erste Fremdsprache lernen sollten.

Aufgabe 3e

1 tZ, 2 üZ, 3 A, 4 Z

Aufgabe 3g

Lösungsvorschläge:

- Appell: Für eine erfolgreiche Gruppenarbeit sollte zum einen die Zusammensetzung bedacht werden und zum anderen sollten die Aufgaben klar verteilt sein. Nur so können die gemeinsamen Ziele erreicht werden.
- Lösungsvorschlag: Wenn die Arbeit in einer Arbeitsgruppe nicht zum Erfolg führt, dann sollte die Zusammensetzung der Gruppe noch einmal überdacht und gegebenenfalls verändert werden.
- Ausblick: Auch zukünftig wird es in Unternehmen Arbeit in Teams geben. Diese können gemeinsam mehr erreichen als ein Einzelner.

Lektion 9: Mündlicher Ausdruck, Teil 1

Aufgabe 1b
Erfindung:
- schöpferische Leistung
- hat das Ziel, ein Problem zu lösen
- erstmalige Schaffung von etwas
- etwas, was jemand erfunden hat
- kreative Leistung
- häufig technische Problemlösungen

Entdeckung:
- etwas auffinden, was schon vorhanden, aber nicht bekannt ist
- kann zufällig oder absichtlich sein

Aufgabe 2b
Lösungsvorschlag: Funktionsweise

Aufgabe 3a
Lösungsvorschlag:
1 Vorstellung der Gliederung
2 Begriffsklärung „Erfindung"
3 Beispiele wichtiger Erfindungen
4 Grund für die Wahl benennen
5 Vorteile der Erfindung
6 Argumente und Beispiele, die die Vorteile unterstützen
7 Nachteile der Erfindung
8 begründetes Fazit/Schlussfolgerung

Aufgabe 3b und c
1 Vorstellung der Gliederung
<u>Meine Vortrag besteht aus zwei Teile</u>: <u>Erstens</u> erzähle ich etwas über warum es wichtig ist, oder warum ich denke, dass es wichtig ist. <u>Danach</u> erzähle ich etwas über ein großes Nachteil.

2 Grund für die Wahl benennen / Vorteile nennen
Ich denke, [...] <u>dass die Elektrizität für uns sehr wichtig ist, weil wir mit Elektrizität große technische Fortschritte gemacht</u> haben, <u>zum Beispiel</u> haben elektrische Maschinen gebaut, damit ist die Industrie effizienter, sondern auch einfacher geworden und nicht mehr so schwer für die einfache Arbeiter. [...] <u>Außerdem</u> haben wir die <u>Elektrizität zu Hause benutzt</u> oder können wir zu Hause benutzen: <u>Wir haben Licht abends</u>, so wir können abends lernen oder auch arbeiten. Und das ist einfacher und konstanter und bequemer als eine alte ... wie heißt es wieder ... Öllampe. [...]

3 Nachteile nennen
<u>Dann komme ich zum zweiten Teil, das Nachteil</u>. Ich glaube Elektrizität hat nur ein Nachteil. Das ist <u>die Umweltverschmutzung</u>.

4 Zusammenfassung (Fazit)
<u>Dann komme ich zum Schluss</u>. [...] <u>Warum ich es wichtig finde: technische Fortschritt und mit wir in Industrie Fortschritt gemacht haben, Kommunikationsmittel erstellt haben und sie zu Hause benutzt</u> <u>haben</u>. <u>Und das Nachteil ist eigentlich nur die Verschmutzung</u> ... Und dann möchte ich Ihnen bedanken für Ihre Aufmerksamkeit.

Aufgabe 3d
Lösungsvorschlag:
1 Gliederungspunkte nennen und kurze Informationen dazu geben
2 kreative Leistung, Problemlösung
3 Elektrizität, Automobil etc. nennen
4 Bedeutung für die Menschheit
5 Vereinfachung des Lebens
6 Verbesserung für Kommunikation und Transport

Aufgabe 4a
Meine Vortrag besteht aus zwei Teile, Erstens [...] Danach [...], Außerdem [...], Dann komme ich [...], Dann komme ich zum Schluss. [...], Und dann möchte ich Ihnen bedanken für Ihre Aufmerksamkeit. [...]

Aufgabe 5a
- wichtige Erfindung: Elektrizität
- Vorteile der Elektrizität = Vereinfachung des Lebens (für Einzelperson), technischer Fortschritt (für Industrie)
- Nachteil = Umweltverschmutzung, heutzutage jedoch umweltfreundlicher

Lektion 10: Mündlicher Ausdruck, Teil 2

Aufgabe 1a
Lösungsvorschläge:
1 Wie erfolgreich ein Mensch ist, hängt davon ab, ob er mutig genug ist und Dinge wagt.
2 Reisen hilft, neues Wissen zu erlangen und den Horizont zu erweitern.

Aufgabe 1b
Lösungsvorschläge:

Pro-Argumente	Kontra-Argumente
Reisen hilft, den Horizont zu erweitern	alle wichtigen Informationen kann man auch im Internet finden
man lernt schneller, wenn man etwas erlebt, als wenn man es in Büchern liest	man sammelt nur Erfahrungen und eignet sich kein Wissen an
man lernt Dinge, die in keinem Buch stehen	Bildung aus Büchern kostet nicht so viel
man lernt für das Leben	
eigene Erfahrungen prägen sich besser ein	
Wissen, welches man in Büchern liest, vergisst man schnell wieder	

Aufgabe 2a
Lösungsvorschläge:
1 Integration kann nur funktionieren, wenn man die Sprache des Landes spricht.
2 Vorurteile können nur durch die Nähe zum Fremden abgebaut werden.
3 Attraktive Menschen sind erfolgreicher im Beruf.
4 Interkulturelle Kompetenz wird im beruflichen Kontext zunehmend wichtiger.

Aufgabe 2b
Lösungsvorschläge:
1 Pro: Nur wenn ich meine eigene Identität kenne, kann ich Unterschiede wahrnehmen.
Kontra: Man muss seine eigene Kultur nicht kennen, viel wichtiger ist, es offen für andere zu sein.

2 Pro: In einer globalisierten Welt kommen sich die Kulturen sowohl im beruflichen als auch im privaten Umfeld immer näher. Ein Austausch ist unabdingbar.
Kontra: Dies gilt nur für einige wenige Bereiche. Nicht für jeden ist es notwendig, sich mit anderen Kulturen auseinanderzusetzen.

3 Pro: Für sie ist es leichter, mit Unterschieden umzugehen und offener zwischen den Kulturen zu vermitteln.
Kontra: Toleranz hängt nicht davon ab, mit wie vielen Kulturen man aufwächst.

4 Pro: In sozialen Netzwerken mischen sich die Kulturen und ihre Weltanschauungen. Am Ende werden sich bestimmte kulturelle Werte durchsetzen und eine neue Kultur wird dabei entstehen.

Kontra: Man kann sich in sozialen Netzwerken austauschen und miteinander agieren, aber die jeweiligen Kulturen bleiben trotzdem erhalten.

Aufgabe 2c
Lösungsvorschläge:

Argument 1: Nur wenn ich meine eigene Identität kenne, kann ich Unterschiede wahrnehmen.
Beispiel: Der respektvolle Umgang mit älteren Menschen zum Beispiel unterscheidet sich in den Kulturen. Nur wenn ich weiß, wie man mit älteren Menschen in der eigenen Kultur umgeht, kann auch in anderen Kulturen einen respektvollen Umgang wahren.

Argument 2: Dies gilt nur für einige wenige Bereiche. Nicht für jeden ist es notwendig, sich mit anderen Kulturen auseinanderzusetzen.
Beispiel: Für jemanden, der auf dem Land lebt und seine sozialen Kontakte nur dort hat, ist es nicht notwendig, sich mit anderen Kulturen auseinanderzusetzen, denn in sehr abgelegenen Gebieten findet auch sehr wenig Migration statt.

Argument 3: Toleranz hängt nicht davon ab, mit wie vielen Kulturen man aufwächst.
Beispiel: Ein Lehrer, der in einer multikulturellen Klasse unterrichtet kann genauso tolerant oder sogar toleranter sein als jemand, der in zwei Kulturen aufwächst.

Argument 4: In sozialen Netzwerken mischen sich die Kulturen und deren Weltanschauungen. Am Ende werden sich bestimmte kulturelle Werte durchsetzen und eine neue Kultur wird dabei entstehen.
Beispiel: Ein gutes Beispiel dafür ist das Thema „Privatsphäre". Personen in sozialen Netzwerken geben unabhängig von Kultur und Herkunft immer schneller private Daten von sich preis.

Aufgabe 3a
Pro: *Für mich ist das Verständnis für die kulturelle Prägung des Einzelnen entscheidend für eine gelungene Kommunikation. Nur wenn ich erkenne, wie jemand „tickt", kann ich mich auch auf ihn einlassen. Wer die Herkunft des anderen missachtet, wird kaum Verständnis für Unterschiede haben.*

Weitere Argumente: Kultur formt im Hintergrund die Individuen; wie ich die Welt sehe, hängt davon ab, wie und wo ich aufgewachsen bin; treffen Menschen unterschiedlicher Herkunft aufeinander, werden kulturelle Unterschiede eher sichtbar als individuelle

Kontra: *Ich bin der Meinung, dass nicht „Kulturen" miteinander kommunizieren, sondern Individuen. Jeder* Mensch *ist ganz individuell geprägt und dies bedeutet für mich, dass auch die Kommunikation ganz einzigartig ist. Somit ist jedes Gespräch nicht von der Kultur abhängig, sondern von jedem Einzelnen.*

Weitere Argumente: jeder sammelt ganz individuelle Erfahrungen unabhängig von der Kultur, globalisierte Welt führt zu individueller Prägung, Familie für die Entwicklung wichtiger als die Kultur

Aufgabe 3b
1f, 2c, 3b, 4a, 5e

Aufgabe 4a
▶ *er ist auch sehr viel durch Deutschland unterwegs* (Beispiel) *ist, ja.*
▷ *Überall übernachtet, oder?*
▶ *Ja. Ja, weil er hat erst mit seinem Jurastudium begonnen und dann, ich glaube, er hat ... er konnte auch innerhalb Deutschland viel Erfahrung sammeln können* (Argument und Beispiel).
▷ *Und vor allem damals war Deutschland kein Land, es war viele verschiedene Länder* (Begründung für folgendes) *und es gab überall Maut und Zoll und so. Ich glaube, selbst innerhalb von Deutschland dann konnte er sich dann verwirklichen ähm ... entwickeln* (Argument). *Aber jetzt muss man halt ein bisschen weiter weg fahren, damit man sich entwickeln kann. [...]*

Aufgabe 4b
Aber ich glaube [...] – Sprecher bezieht sich auf Aussage des Partners
[...] oder? – Sprecher fragt beim Partner nach
Ja. Ja, weil [...] – Sprecher bestätigt Aussage des Partners
und dann, ich glaube, [...]
Ich glaube, [...]

Beide Sprecher benutzen sehr häufig die Formulierung *ich glaube*, um ihre Meinung auszudrücken. Alternativen dazu finden Sie in Lektion 8.

Aufgabe 4d
Lösungsvorschlag:
1 Ich sehe das genauso. Nur wer etwas wagt und nicht gleich aufgibt, wenn ein Hindernis kommt, der ist mutig.
2 Erfolg ist die Tatsache, dass eine Anstrengung zu einem guten Ergebnis führt und Anerkennung findet.
3 Wenn ich zum Beispiel eine Prüfung schreiben muss, dann muss ich mich darauf gut vorbereiten und mich anstrengen, also Energie investieren, um die Prüfung erfolgreich zu bestehen. Mein Zertifikat ist dann meine Anerkennung und vielleicht auch das Lob meines Lehrers. Um erfolgreich zu sein, reicht es meiner Meinung nach nicht aus, wenn man mutig ist. Man muss mehr dafür tun.
4 Mmmh, ich glaube nicht an Glück. Ich denke, dass Mut zusammen mit Fleiß am wichtigsten ist, um etwas zu erreichen.
5 In diesem Punkt muss ich dir zustimmen. Mut sollte ein Teil sein, aber wichtiger ist Fleiß.

Übungstest telc Deutsch C1 Hochschule

Leseverstehen, Teil 1
1c, 2e, 3b, 4a, 5f, 6h

Leseverstehen, Teil 2
7e, 8c, 9d, 10b, 11d, 12a

Leseverstehen, Teil 3
13–, 14+, 15+, 16+, 17+, 18–, 19–, 20x, 21–, 22+, 23+, 24a

Sprachbausteine
25c, 26c, 27b, 28c, 29a, 30a, 31c, 32c, 33b, 34b, 35d, 36a, 37d, 38b, 39a, 40b, 41d, 42d, 43a, 44b, 45d, 46a

Hörverstehen, Teil 1
47d, 48g, 49a, 50c, 51i ,52j, 53f, 54e

Hörverstehen, Teil 2
55b, 56a, 57b, 58a, 59c, 60c, 61b, 62b, 63a, 64c

Hörverstehen, Teil 3
65 Demokratisierung des Wissens
66 Finanzierung von Forschung/Geld für Forschung
67 Wissenschaftskommunikation muss im Studium gelehrt und geübt werden
68 unerlässliches Instrument, um Missverständnisse zu vermeiden/zur Vermeidung von Missverständnissen/klare Begriffe und eindeutige Definitionen
69 die (jeweilige) Zielgruppe
70 politische Entscheidungsträger und Sponsoren
71 breites Publikum
72 Konzentration/Fokus auf wichtigste Ergebnisse/auf die wichtigsten Ergebnisse konzentrieren
73 Nationales Institut für Wissenschaftskommunikation
74 neue Ansätze und das nötige Werkzeug

Lektion 5: Hörverstehen, Teil 1

Aufgabe 2a (Track 2)

Früher bin ich für meinen Job viel unterwegs gewesen und hatte lange Wege. Zum einen hatte ich einen langen Weg zur Arbeit, zum anderen hatte ich immer mal wieder Termine außerhalb des Büros, und so bestand auch ein Teil meines Arbeitsalltags aus Fahren. Anfangs habe ich die Fahrt zur Arbeit und die Zeit im Auto sehr genossen. Ich hatte ein angenehmes Gefühl von Freiheit und Unabhängigkeit. Erst sehr spät habe ich erkannt, wie anstrengend die langen Autofahrten für mich eigentlich sind. Schnell bekam ich Probleme mit dem Nacken und dem Rücken, hatte Schlafstörungen, war immer unruhig und hatte Schwierigkeiten, mich zu konzentrieren. Als ich dann Termine verwechselte und immer häufiger zu spät kam, geriet ich emotional noch mehr unter Druck. Einmal hätte ich fast einen Unfall verursacht. Erst als mein Arzt mich längere Zeit krankgeschrieben hatte, konnte ich wieder auf meine innere Stimme hören. Ich kündigte meinen Job, fand eine neue Stelle hier in der Nähe und bin nun in meiner Freizeit viel flexibler. Denn ich habe nun mehr Zeit für mich und meine Familie.

Aufgabe 2b, Sprecher 1 (Track 3)

Ich bin gerade mit dem Studium fertig geworden. Bisher war es so, dass ich jedes Wochenende nach Hause zu meinen Eltern gefahren bin. Das ist für mich selbstverständlich. Ich habe dann im Zug gelernt oder gelesen. Das hat mir nie etwas ausgemacht. Nun bin ich auf der Suche nach einem Job und schaue mich in einem Umkreis von 250 km um. Ich finde, heutzutage muss man einfach mobil und flexibel sein, vor allem, weil das die Chancen auf einen guten Job erhöht. Andererseits hat man oft auch mehr Freiheit, weil heute viele Firmen verschiedene Arbeitsmodelle anbieten – in manchen Jobs kann man seine Arbeitszeit sogar relativ frei gestalten. Ich denke aber vor allem, dass meine Generation schon ein bisschen kosmopolitischer ist als die Generation meiner Eltern. Für meine Eltern war es noch selbstverständlich, in der Nähe ihres Arbeitsplatzes zu leben, aber ich sehe das anders. Auch die meisten meiner Freunde würden für ihren Traumjob pendeln. Ich kann mir natürlich vorstellen, dass es beschwerlich ist, auf Dauer jeden Tag länger unterwegs zu sein. Aber es gibt immer Mittel und Wege, um für eine gute Balance zwischen Arbeit und Freizeit zu sorgen.

Aufgabe 2b, Sprecher 2 (Track 4)

Ich bin mittlerweile seit 15 Jahren in meinem Betrieb tätig. Letztes Jahr sind wir dann in eine andere Stadt gezogen, weil mein Mann dort ein gutes Angebot erhalten hat; dennoch wollte ich meine Stelle nicht aufgeben. Zuerst fuhr ich jeden Tag mit dem Zug zur Arbeit, aber das fand ich auf lange Sicht ziemlich anstrengend. Ich schlug meinem Chef vor, dass ich zwei Tage von zu Hause aus arbeiten könnte. Ich habe viele kleine Aufgaben, die ich gut am Computer und ohne Kollegen erledigen kann. Ich hatte anfangs etwas Angst, mit meinem Chef zu sprechen, da ich Konflikte mit ihm, aber auch mit den Kollegen befürchtete, und so richtig begeistert war er nicht. Aber wir haben vereinbart, dass wir es drei Monate probieren und dann eine Bilanz ziehen. Und was soll ich sagen: Ich bin produktiver und auch mein Chef steht nun einer offeneren Arbeitszeitgestaltung viel positiver gegenüber. Einige weitere Kollegen dürfen nun ebenfalls teilweise im Homeoffice arbeiten. Es ist wirklich eine große Unterstützung für unser Familienleben, dass ich von zu Hause aus mein Geld verdienen kann.

Aufgabe 2b, Sprecher 3 (Track 5)

Ich bin eigentlich immer gerne Auto gefahren. Daher war es für mich auch kein Problem, eine Stelle anzunehmen, die 50 km von meinem Wohnort entfernt ist. Ich hatte zunächst ausgerechnet, dass ich nicht mehr als 45 Minuten von Tür zu Tür brauche. Damals kam es für mich gar nicht infrage, mit dem Zug zu fahren, obwohl es eine Direktverbindung gibt. Ich wollte meine Unabhängigkeit und die Bahn ist ja bekannt für Verspätungen. Allerdings musste ich schon nach einem Monat feststellen, dass ich mich verrechnet hatte. Auf der Autobahn gab es jeden Tag Stau – dieser Stress hat mich fast verrückt gemacht. Ich brauchte für einen Weg oft eineinhalb Stunden. Und die Zeit, die ich brauchte, um einen Parkplatz zu finden, war da noch gar nicht einkalkuliert. Da ist mir klar geworden, dass mir die langen Autofahrten früher, als ich jünger war, weniger ausgemacht haben als heute. Mittlerweile fahre ich mit der Bahn und bin überraschend zufrieden. Ich fahre 60 Minuten, lese in der Zeit, habe bereits neue Leute kennengelernt und bin viel entspannter als am Anfang. Ich hätte nicht gedacht, dass ich ein Freund der Bahn werde.

Aufgabe 3 (Track 6)

1 Um Staus in den Stadtzentren und Zufahrtsstraßen zu verhindern, gibt es nur einen Weg, nämlich den Verkehr in den Innenstädten weitgehend zu verbieten. Ich glaube nicht, dass hohe Parkgebühren allein ausreichen werden, um den Verkehr wesentlich einzuschränken. Kurzparkzonen und Parkhäuser sind doch jetzt schon sehr teuer, und trotzdem fahren Tag für Tag unzählige Menschen im eigenen Auto in die Städte hinein. Wenn man das Fahren nicht generell verbieten möchte oder kann, dann sollte zumindest eine Innenstadtmaut erhoben werden. Und die muss so hoch sein, dass es wirklich uninteressant wird, mit einem privaten Pkw ins Zentrum zu fahren. In den skandinavischen Ländern hat man ganz gute Erfahrungen mit Fahrverboten gemacht. Und es funktioniert offenbar auch in einer Weltstadt wie London. Dort heißt die Maut übrigens „Staugebühr", und seit sie eingeführt wurde, ist es zu einer beeindruckenden Verflüssigung des Verkehrs gekommen.

2 Auch wenn man es kaum glauben möchte: Der größte Teil der Menschen, die sich in unseren Städten bewegen, sind Fußgänger, Fahrgäste in Bus und Bahn, und in zunehmendem Maße auch Fahrradfahrer. Die Aufteilung des öffentlichen Raums spiegelt diese Verhältnisse aber keineswegs wider. Mit Abstand den meisten urbanen Platz belegen nach wie vor die Autos. Ihnen werden breite Fahrstreifen, oft mehrere Bahnen nebeneinander, zugestanden. Radfahrerinnen und Radfahrer drängen sich dagegen auf schmalen Streifen am Rande der Autofahrbahnen, während den Fußgängern schmale Gehsteige zur Verfügung stehen. Ganz zu schweigen von dem Raum, den Parkplätze am Straßenrand und in Parkhäusern beanspruchen. Die Forderung lautet also: Umwidmung des städtischen Raums. Großzügige Fahrradbahnen, die eine deutlich schnellere Fortbewegung ermöglichen, mehr Fahrradabstellplätze und breite Fußgängerwege. Man braucht Autos nicht zu verbieten, aber ihre Vorherrschaft in den Städten muss gebrochen werden.

3 Man hört immer nur, dass die vielen Privatautos den Verkehr in der Stadt zum Erliegen bringen. Ein wesentlicher Aspekt im tagtäglichen Wahnsinn des Stadtverkehrs ist aber der Lieferverkehr. Wir möchten natürlich alle, dass die Regale in den Geschäften jeden Morgen gut gefüllt sind. Aber müssen deshalb Hunderte von Lieferwagen und Lkw in die Großstädte fahren? Der eine bringt Wasser, der nächste das Bier, der übernächste die Zeitungen. Es müsste doch möglich sein, den Lieferverkehr zu bündeln. Dazu müsste ein zentrales System entwickelt werden, in dem Lieferungen erfasst und nach Destinationen zusammengelegt werden. Das wäre zweifellos eine logistische Herausforderung, doch mit gutem Willen sicher machbar. Verschwinden erst einmal die vielen Lieferwagen, die zum Ausladen in zweiter Spur halten, wird der Stadtverkehr um einiges flüssiger.

4 Also, ein allgemeines Einfahrverbot ins Zentrum kann ich mir nicht vorstellen. Ich finde es nicht in Ordnung, dass von den Menschen Geld dafür verlangt wird, dass sie in die Stadt fahren können. In wirtschaftlicher Hinsicht halte ich das für einen Fehler. Ich wünsche mir, dass der Zugang zu den Städten, zu den Geschäften und kulturellen Angeboten frei bleibt. Es würde ohnehin jede Menge Ausnahmen geben, zum Beispiel für die unzähligen Lieferfahrzeuge, die jeden Tag dafür sorgen, dass das Leben in der Stadt funktioniert. Und es gibt viele Menschen mit eingeschränkter körperlicher Mobilität. Man kann von ihnen nicht verlangen, dass sie lange Wege mit öffentlichen Verkehrsmitteln auf sich nehmen, um einzukaufen oder ins Konzert zu gehen. Kurzparkzonen und Parkhäuser dürfen meinetwegen ihren Preis haben, das ist in Ordnung, aber bitte keine allgemeinen Verbote.

5 Es gibt dieses Konzept des „Verkehrsverbunds", auch als *EcoMobility* bekannt. Das Konzept wurde 1986 von dem Umweltplaner und Verwaltungswissenschaftler Konrad Otto-Zimmermann entwickelt. Der Begriff beschreibt Fortbewegung mithilfe integrierter, sozial inklusiver und umweltfreundlicher Lösungen, das heißt Gehen, Radfahren, Carsharing und Mitfahrzentralen sowie öffentliche Verkehrsmittel. In diesem Rahmen wird auch ein Festival organisiert, das *EcoMobility World Festival*. Es wurde initiiert, um zu zeigen, dass ein „ökomobiler“ Lebensstil in Städten auf der ganzen Welt Wirklichkeit werden kann. Während eines solchen Festivals wird ein bestimmter Stadtteil einen Monat lang verändert, um die vielfachen Möglichkeiten einer fortschrittlichen städtischen Verkehrskultur aufzuzeigen. In überlasteten Millionenstädten zum Beispiel in Südkorea oder in Südafrika wurde das Festival sehr positiv aufgenommen. Man würde sich wünschen, dass deutsche Städte auf diesen innovativen Ansatz zurückgreifen.

6 Einfahrverbot und City-Maut, das würde schon dazu beitragen, dass weniger Autos in die Städte fahren. Der Verkehr würde mit einiger Wahrscheinlichkeit flüssiger werden. Aber die vielen Autofahrerinnen und Autofahrer müssen Alternativen haben. Um sie alle in der Stadt befördern zu können, bieten sich die U-Bahnen an. In ihrem derzeitigen Zustand scheinen die U-Bahnen der Großstädte allerdings nicht in der Lage zu sein, auch noch die Autofahrer aufzunehmen. Die Züge sind zu den Stoßzeiten vollkommen überfüllt; in manchen Städten müssen die Menschen drei, vier Bahnen abwarten, bis sie sich endlich in einen Wagen hineinquetschen können. Zudem sind viele U-Bahnen unzuverlässig: Verspätungen und Ausfälle tragen nicht dazu bei, Autofahrer zum Umsteigen zu bewegen. Bevor man den Verkehr in den Städten verbietet, muss massiv in den Nahverkehr investiert werden. Das ist meines Erachtens der wichtigste Punkt, wenn man die Mobilität in den Städten in vernünftige Bahnen leiten möchte.

7 Wie in vielen Bereichen wird man auch bei der Mobilität in den Städten nicht viel durch Verbote erreichen. Ein grundsätzliches Umdenken ist die Voraussetzung dafür, dass sich nachhaltig etwas ändert. Solange Autos noch als Symbol der Selbstbestimmung gelten und auch so beworben werden, wird sich auch in den Städten nicht viel ändern. Die Menschen werden weiterhin lieber hinter dem Steuer sitzen, als sich abhängig zu fühlen von öffentlichen Verkehrsmitteln – auch wenn sie im Stau stehen und kaum einen Meter haben, um diese Eigenständigkeit auch tatsächlich umzusetzen. Das Zauberwort lautet also Aufklärung. Machen wir doch schon unseren Kindern klar, dass wahre Freiheit bedeutet, uns bewusst für eine umweltfreundliche Fortbewegung in der Stadt zu entscheiden und so unsere Zukunft mitzugestalten.

8 Häufig wird das Fahrrad neben öffentlichen Verkehrsmitteln als einzig vernünftige Alternative zum Privatauto in Innenstädten angepriesen. Doch nicht jeder fährt gerne Rad, und es gibt genug Menschen, die körperlich einfach gar nicht dazu in der Lage sind. Tatsächlich gibt es auch Alternativen zum herkömmlichen Fahrrad. Dazu zählen kleinere Elektrofahrzeuge wie zum Beispiel E-Bikes oder Segways; also, das sind diese elektrisch angetriebenen Einpersonen-Transportmittel mit einem Stehbrett zwischen zwei Rädern. In Deutschland darf man mit Segways auf Schutzstreifen und Radwegen fahren. Wenn es keine solchen gibt, darf man als Segway-Fahrer auch auf die Straße ausweichen. Bundes-, Landes- oder Kreisstraßen sind zwar verboten, aber in der Stadt ist das eine feine Art, sich fortzubewegen. Für Fußgängerzonen und andere Verkehrsflächen gibt es Ausnahmegenehmigungen für mobilitätseingeschränkte Menschen. Vielleicht wäre hier etwas mehr Information ganz hilfreich.

Lektion 6: Hörverstehen, Teil 2

Aufgabe 2b, Abschnitt 1 (Track 7)

▶ Sie sprachen gerade von chronischen Rückenschmerzen. Wie erkenne ich denn, ob meine Schmerzen von allein abklingen oder ob ich ein chronisches Leiden habe?

▷ Generell gehen wir davon aus, dass von einer Chronifizierung gesprochen werden kann, wenn Schmerzen länger als drei bis vier Monate andauern. „Chronifizierung“ bedeutet, einfach ausgedrückt, dass der Schmerz, der eigentlich ein Warnsignal des Körpers ist, diese Funktion verliert und zu einer eigenen Krankheit wird.

Aufgabe 2b, Abschnitt 2 (Track 8)

▶ Wenn wir von einer neuen Volkskrankheit sprechen, dann bedeutet das ja auch, dass die Zahlen steigen. Ist das denn der Fall? Oder wird heute einfach nur mehr darüber geredet als früher?

▷ Wir reden heute mehr darüber, weil es immer mehr Menschen gibt, die an dieser Volkskrankheit leiden, und aktuelle Untersuchungen an Jugendlichen unter 18 Jahren zeigen, dass diese Zahlen weiter steigen werden. Hier geht es um Haltungsschäden, welche sich beobachten lassen, ebenso wie Fehlstellungen der Hüfte. Die Kosten, die in solchen Fällen auf das Gesundheitssystem zukommen, sind immens. Man muss in diesem Zusammenhang nicht nur an zusätzliche Angebote seitens der Kassen denken, sondern auch an Arbeitsausfälle, welche ja auch teilweise von der Kasse getragen werden, und vor allem wird die Anzahl der Menschen, die arbeitsunfähig sind, steigen.

Aufgabe 2b, Abschnitt 3 (Track 9)

▶ Ich habe einen 16-jährigen Sohn zu Hause. Was kann ich ihm raten, um ganz gezielt Ihren Prophezeiungen vorzubeugen?

▷ Viel wäre schon durch eine verbesserte Haltung am Schreibtisch getan. Sport ist auch in diesem Fall die beste Medizin – vor allem eine gute Grundmuskulatur im Rücken ist eine Voraussetzung für ein schmerzfreies Dasein. Übungen dafür finden Sie ja in jeglichen Internetforen und -portalen, aber es kann Ihnen leider niemand abnehmen, diese Übungen auch zu machen. Disziplin ist unabdingbar.

Aufgabe 2b, Abschnitt 4 (Track 10)

▶ Menschen, die unter chronischen Rückenschmerzen leiden, greifen oft zu Salben, Pflastern, Tabletten oder alternativen Behandlungsmitteln. Ist das ratsam?

▷ Das ist natürlich individuell sehr verschieden und muss im Einzelfall geprüft werden. Die einen erleben einen erfolgreichen Heilungsprozess mit Yoga oder gezieltem Rückentraining, bei anderen verstärken sich die Schmerzen durch diese Bewegungsabläufe. Das hängt von den unterschiedlichsten Faktoren ab. Natürlich steht für die Ärzte Heilung, also Ursachenbekämpfung, im Vordergrund, doch nicht immer lassen sich die Auslöser schnell und einfach diagnostizieren. Und dann steht das zweite Ziel im Mittelpunkt: dem Patienten erst mal einen schmerzfreien Alltag zu ermöglichen. Das geschieht in der Regel durch Tabletten und Salben. Oftmals ist dies aber auch mit einem langen Prozess verbunden, denn nicht alle Wirkstoffe passen zu allen Patienten. Hier empfiehlt sich ein eingehendes Gespräch mit dem behandelnden Arzt, der leider auch nur durch Ausprobieren die wirksamsten Substanzen finden kann.

Aufgabe 2b, Abschnitt 5 (Track 11)

▶ Was halten Sie von alternativen Behandlungsmethoden?

▷ Studien zeigen immer wieder, dass die Alternativmedizin der Schulmedizin überlegen sein kann. Dennoch sind diese Ergebnisse nicht zweifelsfrei, denn in der Regel umfassen diese Studien nur Patienten, welche diesen Behandlungsformen zugetan sind, und somit steht immer die Frage nach dem Placeboeffekt im Raum. Dass der Kopf und die Seele bei der Heilung allerdings eine nicht zu unterschätzende Rolle spielen, ist gerade unter den Kollegen, welche sich mit Rückenschmerzpatienten beschäftigen, längst bekannt. Seelische Anspannungen schlagen sich nicht selten als Verspannungen der Muskulatur nieder. Daher sind vor allem Menschen mit chronischen Schmerzen oft auch in Begleitbehandlungen wie einer Therapie oder einem Coaching.

▶ Damit sind wir auch schon am Ende unserer heutigen Sendung. Frau Dr. Velázquez, herzlichen Dank für das Interview.

Aufgabe 3a und b (Track 12)

1 Hi, mein Name ist Stefan und ich habe die Cardio Experience ausprobiert. Das ist im Grunde ein normales Cardiogerät fürs Ausdauertraining, also ein Stepper oder ein Laufband, aber mit erweitertem Display, sodass man während des Trainings wie in einer virtuellen Welt unterwegs ist. Es besteht die Möglichkeit, durch Wälder oder Wiesen zu laufen, beim Steppen kann man einstellen, dass man Treppen steigt und am Ende mit einem Ausblick von einem Turm belohnt wird. Ich habe allerdings den Fehler begangen, das Gerät ohne Anleitung zu benutzen, dadurch habe ich viele Optionen und Einstellungen übersehen. Dennoch muss ich sagen, ich finde es ganz witzig. Für zu Hause ist das Ganze nichts – viel zu teuer; aber im Studio wirkt es auf mich wie ein Magnet.

2 Hallo, ich bin Anja aus Dresden und ich habe die App „Smart Weight Analyzer" getestet. Also, als Erstes muss ich sagen, ich bin ja nicht so der Technik-Freak und habe auch keine Lust, zu viel Zeit mit so was zu verbringen. In dieser Hinsicht war die App echt eine Herausforderung. Man braucht als Erstes eine Waage zu Hause und muss sich täglich wiegen und dann die Werte eintragen; man muss auch vor jeder Mahlzeit eintragen, was man essen will. Die App wertet diese Daten aus und berechnet, ob ich zuschlagen darf oder doch verzichten muss, wenn ich mein angestrebtes Abnehmziel erreichen will. Ich habe die Hoffnung, ein paar Kilo abzunehmen, noch nicht aufgegeben, aber diese App kostet zu viel Zeit und Nerven und wird daher gleich morgen wieder deinstalliert.

3 Ja, hallo. Ich bin Miriam, ich habe verschiedene Fitnessvideos aus dem Internet getestet und bin ganz erstaunt über die Vielfalt, die ich gefunden habe. Da ist ja wirklich für jeden was dabei. Leider ist das Angebot so umfangreich, dass ich bestimmt eine halbe Stunde vor dem Training nur geschaut und geklickt habe, aber im Großen und Ganzen und mit viel Eigenmotivation kann man sehr davon profitieren. Wichtig ist, dass man vor dem Training die Beschreibungen liest, um in Erfahrung zu bringen, welche Materialien man braucht, also ob man Hanteln oder so was haben muss. Aber dann macht es Spaß, und ich bleibe ganz sicher dabei.

4 Hallo, ich bin der Andreas und ich sollte eine Fitness-App testen. Ich habe gleich mal die Gelegenheit genutzt und mir fünf verschiedene Apps runtergeladen. Na ja, was soll ich sagen, die klingelten dann alle zu den ungünstigsten Zeitpunkten, um mich daran zu erinnern, dass ich ja trainieren wollte. Ich bin echt nicht faul oder so, aber ich habe keine einzige Übung gemacht. Ich habe einfach keinen Gefallen an der Vorstellung gefunden, vor meinem Handy auf die Knie zu gehen und auf Befehl Trainingseinheiten einzulegen. Nee, das war nichts für mich.

5 Na, ich bin dann wohl die Letzte in der Runde. Ich bin Monika und ich habe EMS, also elektronische Muskelstimulation, ausprobiert. Ich hatte vorher gar keine Ahnung, was das sein soll, aber nun stehe ich wortwörtlich unter Strom. Ich musste einen Ganzkörperanzug anziehen und habe dann Stromimpulse an verschiedenen Körperteilen bekommen. Das kribbelte anfangs ein wenig und war mir recht suspekt. Ich habe dann mein ganz normales Trainingsprogramm absolviert und mich danach wirklich gut gefühlt. Ich kann wirklich nur jedem den Rat geben, das mal auszuprobieren – der Muskelkater am nächsten Tag wird seine Überzeugungsarbeit dann schon leisten.

Aufgabe 4 (Track 13)

▶ Der Begriff „Spitzensportler" wird in der Öffentlichkeit schnell mit Spitzengagen, lukrativen Werbeverträgen und späteren einträglichen Tätigkeiten wie Training, Beratung oder Berichterstattung assoziiert. Das sind Vorstellungen, die wir wohl vor allem aus der Welt des Profifußballs beziehen. Doch Leistungssport beschränkt sich nicht auf Profifußball. In vielen anderen Sportarten verdienen Leistungssportler nicht genug, um nach ihrer aktiven Zeit nicht mehr arbeiten zu müssen. Sie müssen sich ein zweites berufliches Standbein aufbauen. Und das ist nicht leicht. Denn das Alter, in dem Athletinnen und Athleten sportliche Höchstleistungen erbringen, ist auch jenes, in dem die berufliche Ausbildung und erste Schritte im Berufsleben erfolgen. Viele junge Talente beenden deshalb nach der Schule ihre Karriere, noch bevor sie richtig begonnen hat, und wählen lieber einen sicheren Beruf. Andere versuchen, Leistungssport und Ausbildung zu vereinen. Einer von ihnen ist heute bei uns zu Gast: Jamal Zaïri. Er ist Sportkletterer und studiert Wirtschaftswissenschaften hier an der Fachhochschule. Jamal, hallo und herzlich willkommen.

▷ Hallo, danke für die Einladung.

▶ Jamal, bevor wir über die Vereinbarkeit von Spitzensport und Hochschulstudium sprechen, möchte ich dich bitten, uns kurz etwas über deinen sportlichen Werdegang zu berichten.

▷ Gerne. Also, solange ich denken kann, ist das Klettern meine Leidenschaft gewesen. Schon als kleines Kind bin ich mit meinem älteren Bruder ständig auf den Bäumen in unserem Garten herumgeklettert, auch auf der Gartenmauer oder dem Dach des Gartenhauses. Sehr zum Leidwesen unserer Eltern, denn wir sind mehr als einmal heruntergefallen und haben einige Verletzungen davongetragen. Deshalb waren sie zwar nicht begeistert, als mein Bruder mit dem Wettklettern begonnen hat, doch sie wollten ihn auch nicht von einem Sport abhalten, der ihm offenbar sehr viel bedeutete. Mein Bruder hat sozusagen den Weg für mich geebnet. Mit 12 durfte ich mich auch bei der Jugendorganisation des Alpenvereins anmelden, und schon mit 14 bin ich bei meinem ersten Wettkampf gestartet. Während mein Bruder aber nach dem Abitur mit dem Klettern aufgehört hat, bin ich immer noch dabei.

▶ Und das sehr erfolgreich. Du hast bereits die deutsche Meisterschaft im Schwierigkeitsklettern gewonnen und kürzlich einen hervorragenden dritten Platz bei der Boulder-Weltmeisterschaft belegt. Warum also nun das Studium?

▷ Um nicht gänzlich von diesen sportlichen Erfolgen abhängig zu sein. Klettern gehört ohnehin nicht zu den Sportarten, bei denen nach einer erfolgreichen aktiven Zeit Geld kein Thema mehr ist. Also, momentan bin ich sehr zufrieden, mit Preisgeldern und der Hilfe von Sponsoren komme ich finanziell ganz gut über die Runden. Aber ich muss auf dem Boden der Tatsachen bleiben, das wird nicht ewig so weitergehen. Ich könnte jederzeit abstürzen und mich dabei so schwer verletzen, dass an eine weitere Karriere nicht mehr zu denken wäre. Und selbst ohne Verletzung gibt es eine Zeit nach dem Sport. Wie die aussehen wird, weiß ich noch nicht. Ich könnte mir zum Beispiel eine Tätigkeit als Sportfunktionär vorstellen. Dazu hat mir auch schon mein Trainer geraten. Auf jeden Fall möchte ich aber eine solide Ausbildung haben, um jederzeit in einen Beruf einsteigen zu können.

▶ Es ist also nur die Aussicht auf finanzielle Absicherung, die dich zum Studium bewogen hat?

▷ Es gab da auch noch andere Aspekte. Ich wollte auch Menschen kennenlernen, bei denen der Sport nicht im Mittelpunkt steht. Wenn man gewohnt ist, sich nur über körperliche Leistungsfähigkeit zu definieren, geht der Blick für andere Eigenschaften leicht verloren. Deshalb kam für mich auch kein Fernstudium infrage; ich wollte unbedingt den Kontakt mit Studierenden, die andere Prioritäten setzen. Außerdem lerne ich nun auch einiges über den wirtschaftlichen Aspekt von Sport. Vielleicht hilft mir das Studium, später Beruf und sportliches Interesse miteinander zu verbinden. Und schließlich ist das Studium auch ein guter Ausgleich zum Sport. Natürlich hat Sport einen enormen Stellenwert in meinem Leben. Doch das ist nicht das Einzige, was erfüllend ist.

▶ Als Leistungssportler musst du nicht nur sehr viel Zeit für das Training aufbringen, sondern auch regelmäßig an Wettkämpfen teilnehmen. Wie lässt sich dieser Zeitaufwand mit einem Studium verbinden? Schließlich gibt es Anwesenheitspflichten und Klausurtermine ...

▷ Mit viel Unterstützung seitens der Hochschule. Es gibt hier schon seit einigen Jahren ein besonderes Studienprogramm, mit dessen Hilfe es gelingen soll, Studium und Leistungssport zu verbinden. In diesem Programm bekommen wir als Spitzensportler eine besondere Betreuung, und zwar in sämtlichen angebotenen Bachelor- und Masterstudiengängen.

▶ Heißt das, dass du als Sportler einen Sonderstatus hast, also privilegiert bist?

▷ Von Privilegien kann keine Rede sein, dem möchte ich mich ausdrücklich verwehren. Es wird streng darauf geachtet, dass wir keine Vorteile gegenüber anderen Studierenden haben. Was man uns aber in diesem Programm anbietet, ist eine flexible Studiengestaltung innerhalb der normalen Studiengänge. Es gibt eine eigene Ansprechstelle für uns. Diese stellt zu Beginn des Semesters den Kontakt zu Dozentinnen und Dozenten her. Durch mehrere alternative Termine pro Semester können wir unsere Prüfungen besser planen. Wenn Trainingslager oder Wettkämpfe in eine Klausurphase fallen, wird versucht, einen Nachschreibtermin zu finden. Wir bekommen auch genug Lernmaterial für zu Hause.

▶ Ist man als studierender Spitzensportler eigentlich eine Ausnahmeerscheinung?

▷ Das hängt vermutlich davon ab, in welcher Sportart man tätig ist. Ich kann mir vorstellen, dass es in manchen besser bezahlten Disziplinen, wie zum Beispiel dem Profifußball, im Verhältnis weniger Studierende gibt. Aber ich kann dazu eigentlich nichts sagen, mir fehlt der Einblick. In meinem Bereich gibt es jedenfalls einige, da stehe ich durchaus nicht allein.

Und wir können uns auch wirklich nicht beklagen, unsere Trainer unterstützen uns sehr. Natürlich sehen sie es nicht gerne, wenn wir mal ein Training wegen des Studiums ausfallen lassen müssen. Doch sie verstehen unsere Beweggründe und akzeptieren es dann auch.

Allerdings gibt es auch in meinem Verband einige Stimmen, die der Meinung sind, dass das Studium zwangsläufig auf Kosten der sportlichen Leistungen gehen müsse.

▶ Was kannst du denn aus deiner Erfahrung dazu sagen?

▷ Na ja, es stimmt einerseits schon, dass es manchmal etwas schwerfällt, mich auf einen Wettkampf zu fokussieren, wenn ich mich gerade auf eine Prüfung vorbereite. Andererseits geht die körperliche Anstrengung bei Wettkämpfen oder im Training gelegentlich bis an die Grenze der Belastbarkeit. Dann muss ich mich wirklich dazu aufraffen, Energie ins Studium zu stecken.

Insgesamt geht es mir aber sehr gut mit der doppelten Tätigkeit. Ich habe jedenfalls nicht den Eindruck, dass meine sportlichen Leistungen schwächer geworden wären, seit ich studiere – ganz im Gegenteil. Diesen positiven Eindruck bestätigt übrigens auch eine Untersuchung, die im Rahmen einer Doktorarbeit in der australischen Football League durchgeführt wurde. Demnach zeigten Sportler, die einer Ausbildung nachgingen, signifikant bessere Leistungen.

Mir hilft sicher die Disziplin, die ich mir im Sport erarbeitet habe. Im Leistungssport lernt man einfach durchzuhalten, auch wenn die Motivation einmal nicht gerade die beste ist. Durchhänger gibt es nun einmal. Aber ich denke, das geht jungen Leuten, die nur studieren oder nur Sportler sind, auch nicht anders. Die Kombination von Spitzensport und Studium macht mir auf jeden Fall viel Spaß!

▶ Das möchte ich so als Schlusswort stehen lassen. Jamal, noch einmal vielen Dank für deinen Besuch und weiterhin alles Gute!

Lektion 7: Hörverstehen, Teil 3

Aufgabe 2a (Track 14)

1 Ich fange jetzt im kommenden Wintersemester mit meinem Studium an und habe mich für BWL entschieden. Da gibt es natürlich auch viele Angebote für duale Studiengänge, teilweise sogar mit einer Finanzierung. Trotzdem konnte ich mich mit dieser Idee nicht so recht anfreunden, weil man da ja sozusagen für die Firma studiert, bei der auch der praktische Teil stattfindet. Na ja, und die bestimmt dann auch zu einem guten Teil, worauf man sich im Studium zu konzentrieren hat. Das halte ich für ungünstig, zumindest in meinem Fall. Ich möchte studieren, um mich danach selbstständig zu machen, und dafür möchte ich im Studium die Freiheit haben, die Lehrveranstaltungen danach auszuwählen, was ich wirklich wissen möchte und muss. Als Unternehmensgründerin brauche ich neue Ideen und kreative Ansätze. Bei einem dualen Studium befürchte ich, dass diese Dinge zu kurz kommen.

2 Ich finde es bedauerlich, dass wenige Studenten bereits zu Beginn ihres Studiums wissen, was sie später beruflich genau machen wollen. Immerhin studieren wir doch, um später Erfolg im Berufsleben zu haben. Wenn das Studium aber zu breit angelegt ist, hat man gleich einen schwierigen Start. Man versucht zwar hier und da Schwerpunkte zu legen, aber ob das wirklich auf den späteren Beruf vorbereitet, sei dahingestellt. Im dualen Studium ist das meiner Ansicht nach besser gelöst. Hier weiß man von vornherein, welche Fachkenntnisse man später im Beruf braucht, und kann die Studienphasen mit den entsprechenden Schwerpunkten darauf abstimmen. Ich weiß schon jetzt genau, wo ich später arbeiten werde, und kann mich dementsprechend darauf vorbereiten. Bei den meisten Mitstudierenden dauert es ziemlich lange, bis sie ihren Weg gefunden haben. Ich bin froh, dass ich dieses Problem nicht habe.

Aufgabe 2b (Track 15)

1 Also, ich bereue meine Entscheidung für ein duales Studium überhaupt nicht. Im Gegenteil, ich bin überzeugt, dass in den nächsten Jahren immer mehr junge Menschen diesen Weg einschlagen werden, einfach, weil er die Chancen auf dem Arbeitsmarkt erhöht. Es geht heutzutage nicht mehr, dass man einfach ein paar Jahre alles Mögliche studiert und dann mal schaut, ob man irgendwo einen Job findet, wo man dann erst mal lernen muss, wie die praktische Arbeit abläuft. Die Firmen verlangen heute mehr als früher, denke ich. Wir sollen nicht nur Fachkenntnisse mitbringen, sondern am besten schon gelernt haben, wie man sich organisiert, Projekte plant oder im Team arbeitet. Diese Kombination von Wissenserwerb und dem Trainieren von berufspraktischen Fähigkeiten bekommt man nur in einem dualen Studium.

2 Das Beste an einem dualen Studium ist sicherlich die Bezahlung, aber auch davon abgesehen profitiert man von einer Reihe von Dingen, die das klassische Studium nicht bietet. Ich muss schon sagen, dass ich mir dank der Vergütung einen höheren Lebensstandard leisten kann als andere Studierende. Klar arbeite ich auch und habe weniger Ferien als andere, aber dafür lerne ich jetzt schon eine Menge über den Betrieb, in dem ich später mit ziemlicher Sicherheit einen Arbeitsplatz bekommen werde. Manche Leute sagen ja, dass man sich mit einem dualen Studium zu sehr festlegt, weil man sich die ganze Zeit nur auf ein Unternehmen konzentriert und dort wahrscheinlich auch später arbeitet. Natürlich bin ich dem Unternehmen verpflichtet, in dem ich meine praktische Ausbildung mache, und natürlich erwartet man dort, dass ich auch nach dem Studium bleibe. Aber im Gegenzug wird mir auch einiges geboten. Wo wird man sonst schon für das Studium bezahlt, erhält wertvolle Einblicke in die Praxis und bekommt im Anschluss auch noch einen Arbeitsplatz?

3 Ich bin nicht so sicher, ob sich die akademische Landschaft durch die Einführung der dualen Studiengänge nicht in eine ungünstige Richtung verändert. Aus meiner Sicht wirkt es sich ungünstig auf die Forschung aus, wenn Hochschulen verstärkt im Interesse von Unternehmen oder Behörden handeln. Forschung braucht Kreativität und Unabhängigkeit, um Fortschritte zu erzielen, und sollte nicht durch wirtschaftliche Interessen behindert werden. Auch die Weitergabe von Wissen an Studierende ist begrenzt, wenn Firmen die Studieninhalte bestimmen. Ich sehe es eher kritisch, dass junge Menschen während ihres Studiums auf bestimmte Fähigkeiten und Kenntnisse hin trainiert werden, ohne dass man sie dazu motiviert, sich für die Forschung zu interessieren. Forschung und Lehre können sich nicht frei entwickeln, wenn sie vorwiegend praktische Zwecke erfüllen sollen.

4 Grundsätzlich sollte man bei Studienmodellen wohl darüber nachdenken, welche Fertigkeiten während des Studiums eigentlich erworben werden sollen. Ich befürworte das duale Studium, aber sicherlich nicht in jeder Hinsicht. Es kommt schon darauf an, was man studiert. Stellen Sie sich mal vor, ein Medizinstudent müsste sechs Monate im Jahr praktische Einheiten absolvieren. Da bleibt ihm ja kaum Zeit zum Lernen. Und außerdem, was soll er während der Praxisphasen schon tun, wenn er noch nicht so lange studiert? Nein, also hier ist es viel sinnvoller, sich erst die Kenntnisse anzueignen und dann in die Praxis zu gehen. So funktioniert das ja auch schon immer. Ein Informatikstudent kann wahrscheinlich mit vielen Praxisphasen studieren und seine neu erlernten Kenntnisse direkt in einer Firma anwenden, ein BWL-Student auch. Wie gesagt, ich glaube nicht, dass ein duales Studium für alle Fachrichtungen die geeignete Lösung ist, vielleicht nur für einige.

5 Ich bin heute froh, dass ich ein klassisches Universitätsstudium absolviert habe. Wir hatten Zeit, um uns nützliche Kompetenzen anzueignen. Literatur recherchieren, Seminararbeiten planen und schreiben, Versuche durchführen und dokumentieren, Referate anfertigen; das alles wurde mit ausreichender Zeit und über viele Semester eingeübt. Heute sehe ich, dass viele Studierende kaum die Zeit bekommen, diese Fertigkeiten zu trainieren. Sie gehen drei Monate zu den Vorlesungen und dann müssen sie schon wieder in eine Firma und arbeiten, zumindest im dualen Studium. Ich kann mir nicht vorstellen, dass man so wirklich wissenschaftliches Arbeiten lernt. Das sieht für mich eher wie eine Berufsausbildung mit ein paar akademischen Aufgaben aus, mit der man aber nur bestimmte Tätigkeiten ausüben kann.

6 Es stimmt schon, dass beim dualen Studium eher die Praxis und der spätere Beruf im Vordergrund stehen, so viele Freiheiten bei der persönlichen Entfaltung gibt es da nicht. Aber meiner Meinung nach ist dieses Angebot trotzdem eine wertvolle Möglichkeit, sich ohne enorme finanzielle Belastungen für einen anspruchsvollen Beruf zu qualifizieren. Das sollte man nicht übersehen. Wer nicht aus einer wohlhabenden Familie kommt, erhält hier die Möglichkeit, sich zu qualifizieren, ohne sich verschulden oder im Restaurant kellnern zu müssen. Und das ist doch ein großes Plus, denke ich. Außerdem gibt es ja auch weiterhin das traditionelle Studium. Wenn man also keine finanziellen Sorgen hat und mehr Wert auf die Theorie legt, steht einem dieser Weg offen. Aber gerade für Studieninteressierte aus weniger reichen Familien ist das duale Studium doch ein großartiges Angebot.

Aufgabe 3a (Track 16)

▶ Meine Damen und Herren, ich darf Sie herzlich begrüßen zu unserem Fachdidaktikseminar „Literatur lehren". Für heute habe ich eine externe Referentin eingeladen, Frau Dr. Vera Thürmer. Das Thema der heutigen Sitzung ist „Literatur im Unterricht – Deutsch als Fremdsprache". Frau Dr. Thürmer ist die ideale Referentin zu diesem Thema, denn sie hat dazu ihre Dissertation geschrieben und schon so manchen Forschungsbeitrag verfasst. Bitte sehr, Frau Dr. Thürmer, wir sind sehr gespannt auf das, was Sie uns zu sagen haben.

▷ Vielen Dank, Herr Kollege, für die freundlichen Worte! Meine Damen und Herren, es ist erschreckend, was die *Stiftung Lesen* in ihrer Studie *Lesen in Deutschland* gemeldet hat. Die zentrale Aussage ist: Jeder Vierte liest keine Bücher. Damit wurde eine erneute Diskussion um die abnehmende Lesefreude und Lesekompetenz von Kindern und Jugendlichen angestoßen. Und auch die Klage vieler Lehrer über die zunehmende Leseunlust von Schülern war in den vergangenen Jahren kaum zu überhören: Literatur komme nicht mehr an im Unterricht, Lesen gelte bei Schülern als „uncool" und als nicht mehr zeitgemäß. Und nicht nur die *Stiftung Lesen* prognostiziert, dass Bücher angesichts der heutigen Medienvielfalt zurückgedrängt werden. Es gibt aber auch eine beruhigende Nachricht: Nach der Studie *Kinder und Medien* des Medienpädagogischen Forschungsverbunds werden Bücher weiterhin gelesen. Trotzdem: Während Fernsehen, Internet und Computerspiele bei den 6- bis 13-Jährigen hoch im Kurs stehen, rangiert das Lesen gerade einmal im Mittelfeld der liebsten Freizeitbeschäftigungen der Kinder und Jugendlichen.

Aufgabe 3c (Track 17)

▷ Lesen ist die gesellschaftliche Schlüsselqualifikation Nummer eins – gerade in einer medial vermittelten Welt. Lesen schult nicht nur die Fähigkeit, Texte aller Art zu verstehen, Informationen zu nutzen und zu reflektieren. Lesekompetenz ist vielmehr ein wichtiges Hilfsmittel zum Erreichen persönlicher und beruflicher Ziele. *Die Internationale Grundschul-Lese-Untersuchung*, kurz: IGLU, zeigte, dass im Leseunterricht an deutschen Grundschulen herkömmliche Methoden noch immer dominieren. Anregende Formen des Unterrichts, wie etwa das Verfassen eigener Texte oder eine kreative Verarbeitung des Gelesenen, sind hingegen selten zu finden. Man muss heute aber gerade kreative Methoden einsetzen, um Schüler für das Lesen zu begeistern. Schüler müssen dort abgeholt werden, wo sie sind. Sie müssen mit ihrer Lebenserfahrung in den Unterricht eingebunden werden.

Im Oktober vergangenen Jahres wurde in Südafrika das Projekt *„LitAfrika: Eine Lesesafari"* initiiert. 25 deutsch-fremdsprachige und muttersprachige Schüler der Deutschen Auslandsschulen kamen im Rahmen des Leseprojekts in einem dreitägigen Literaturcamp in KwaZulu-Natal zusammen. In Kleingruppen erarbeiteten die Zehntklässler kreative Präsentationen zu deutschsprachigen Kurzgeschichten und Gedichten in Form von Liedern und Theaterstücken. Auch andere Ideen kamen vor, wie z.B. Interviews oder Hörspiele. Kreative Lektürearbeit im Fremdsprachenunterricht machte den Schülern großen Spaß, da sie sich hierbei ganz anders einbringen und wiederfinden können als bei der Arbeit mit Sachtexten oder im Grammatikunterricht. Von einer allgemeinen Leseunlust bei Kindern und Jugendlichen kann deshalb keine Rede sein. Gerade im Unterricht für Deutsch als Fremdsprache kommt der schüleraktivierenden Arbeit eine wesentliche Schlüsselrolle zu: Im Fremdsprachenlernen gilt es, Teilkompetenzen wie die Lese-, Sprech-, Hör- und Schreibfähigkeit der Fremdsprachenschüler zu schulen und die verschiedenen Bereiche im Zusammenspiel zu fördern. In literarischen Texten stehen oft existenzielle Konflikte im Mittelpunkt, die Anlass zur Stellungnahme und kritischen Auseinandersetzung geben. Insofern regt Literatur nicht nur zum Lesen an, sondern auch dazu, sich zu positionieren. Dabei erfahren Schüler und Schülerinnen, dass die Sprache nicht nur für rein pragmatische Zwecke, sondern auch zur Artikulation von Gedanken, Gefühlen und Bedürfnissen eingesetzt und damit Teil ihrer Person werden kann.

Seit Jahren setzen sich unter anderem Wissenschaftler dafür ein, dass dieser didaktische Ansatz einen festen Platz im kommunikativen Fremdsprachenunterricht einnimmt. So findet im neuen Rahmenplan „Deutsch als Fremdsprache" kreatives Schreiben als Ergänzung zu textanalytischen Methoden durchaus Berücksichtigung. Bis in die 80er-Jahre hinein dominierten im Unterricht Deutsch als Fremdsprache Lehrbücher, die sich ausschließlich an der Alltagskommunikation orientierten. Wurden dort literarische Texte bearbeitet, dann allenfalls in Form einer Interpretation. Die lebendige Lektürearbeit war damit im kommunikativen Sprachenunterricht lange Zeit die Ausnahme. In den letzten drei Jahrzehnten hat sich in der Literaturdidaktik jedoch ein wichtiger Paradigmenwechsel vollzogen, der den Weg frei macht für eine neue Lust am Lesen. Das literarische Kunstwerk an sich steht heute keineswegs mehr im Mittelpunkt der Literaturarbeit. Vielmehr bemüht sich der Unterricht in Deutsch als Fremdsprache, die Schüler zum kreativen Schreiben anzuleiten. Lehrer müssen dieses Potenzial kennen und den Schülern bei der Umsetzung helfen.

Aufgabe 3d (Track 18)

Allen negativen Umfrageergebnissen zum Trotz – der Kinder- und Jugendbuchmarkt kann sich über eine mangelnde Nachfrage nicht beklagen. Rund 6000 deutschsprachige Kinder- und Jugendbücher erscheinen jährlich. Jugendbuchautorinnen wie Cornelia Funke sind die stillen Helden im Kinderzimmer, ihre Titel *Die wilden Hühner* oder *Tintenherz* werden millionenfach gekauft.

Die Wissenschaft zeigt: Kinder- und Jugendbücher sind authentische Texte, die den jungen Leser auf einer emotionalen Ebene ansprechen und zur Identifikation oder Auseinandersetzung mit den Hauptfiguren einladen. Besonders in der Phase der sogenannten „Lesepubertät", die parallel zur biologischen Pubertät verläuft und zu einer wissenschaftlich erwiesenen Abnahme der Lesehäufigkeit führt, könne Kinder- und Jugendliteratur die Leser mit Identifikationsthemen wie erste Liebe, Freundschaft und Familie erreichen.

In einem Internetportal gibt das Institut für Jugendbuchforschung didaktische Vorschläge für den Einsatz von Kinder- und Jugendliteratur im Unterricht für Deutsch als Fremdsprache. Über 100 moderne Literaturtitel sind nach Lerngegenstand und Zielgruppen sortiert, Unterrichtsideen wie das Verfassen eines neuen Endes einer Geschichte oder das Schreiben eines Briefes an die Hauptfigur wurden zusammengetragen.

Dabei ist die richtige Textauswahl für den Einsatz im Unterricht wesentlich. Die Lektüre muss am Alter, Sprachniveau und den Fähigkeiten der Schüler ausgerichtet sein und darf die Schüler nicht überfordern. Aus der Praxis gibt es gute Erfahrungen mit Texten, die sprachlich zwar gut verständlich, dabei aber doppelsinnig oder lustig sind. Vorhandene Leerstellen in einem Text kann der Leser mit eigenen Ideen und Deutungen füllen – ganz nach seinen Vorstellungen. Bei solchen Aufgaben gilt: Der Leser hat immer recht. Es kann ihm niemand die Freiheit nehmen, Schlüsse aus dem Text zu ziehen, sich über den Text zu ärgern, sich über ihn zu freuen, ihn zu vergessen oder das Buch, in dem er steht, zu einem beliebigen Zeitpunkt in die Ecke zu werfen. So sprach bereits der Schriftsteller Hans Magnus Enzensberger in seinem Aufsatz „Bescheidener Vorschlag zum Schutze der Jugend vor den Erzeugnissen der Poesie" davon, dass die Lektüre ein anarchischer Akt sei. Meiner Meinung nach spricht man besser von der Autonomie des Lesers, da der Leser selbst über seinen Umgang mit Literatur entscheiden kann. Das muss ja nicht anarchisch sein.

Heute befindet sich die Literaturdidaktik im Deutsch- und Sprachenunterricht auf dem Weg dahin, selbstbestimmtes Lesen zu lehren. Diesen handlungsorientierten Ansatz möchte ich Ihnen mit auf den Weg geben. Vielen Dank für Ihre Aufmerksamkeit!

Aufgabe 4 (Track 19)

▶ Selbstständig lernen können ist eine grundlegende Anforderung an Studierende. Im Unterschied zum schulischen Lernen, bei dem die Lernaktivitäten in hohem Maße von den Lehrenden vorgegeben werden, fordert das Studium wesentlich mehr Eigeninitiative beim Erarbeiten von Lerninhalten. Das heißt nun nicht, dass Studierende beim Lernen völlig auf sich allein gestellt sein müssen, im Gegenteil. Dozentinnen und Dozenten können Studierende unterstützend begleiten, insbesondere zu Beginn eines Studiums, also beim Übergang von genau strukturierten Lernaktivitäten zum selbstständigen Lernen. Wie eine solche Unterstützung konkret aussehen kann, darüber hat sich unsere heutige Vortragende, Frau Marjam Wallner, Gedanken gemacht. Frau Wallner beschäftigt sich seit einigen Jahren mit Hochschuldidaktik. „Begleitetes Selbststudium" lautet das Thema ihres Vortrags, mit dem sie in den anschließenden Workshop einführen möchte. Sie wird uns nun einige Vorstellungen davon geben, was Studierende in dieser Hinsicht an der Hochschule erwarten dürfen und was Lehrbeauftragte leisten können. Begrüßen Sie mit mir Frau Marjam Wallner. Herzlich willkommen!

▷ Vielen Dank. Ja, wie bereits von Ihnen, lieber Herr Birol, erwähnt, ist die Fähigkeit zu selbstständigem Lernen die Voraussetzung für ein Hochschulstudium. „Selbstständiges Lernen" oder auch „Selbststudium", das sind Begriffe, die seit geraumer Zeit nicht nur an Hochschulen gerne verwendet werden. Auch in der allgemeinen Bildungsdiskussion, in der Berufsausbildung und der Erwachsenenbildung tauchen sie auf. Im Rahmen von lebenslangem Lernen wird die Eigenverantwortung beim Aneignen von Wissen zunehmend in den Vordergrund gestellt.

Nun, was aber meint der Begriff „Selbststudium" im Zusammenhang mit der Hochschule? Um das zu veranschaulichen, greife ich gerne auf die drei Typen des Selbststudiums zurück, die Norbert Landwehr und Elisabeth Müller in ihrer Publikation definiert haben. Übrigens habe ich mir für meinen Vortrag hier auch den Titel ihres Werkes, *Begleitetes Selbststudium*, ausgeborgt.

Ich möchte also nun den Begriff „Selbststudium" näher erläutern. An erster Stelle ist hier das „freie Selbststudium" zu nennen. Im Rahmen der Hochschule verweist dieser Begriff auf völlig freies Lernen. Die Themen, auf die sich freies Lernen bezieht, sind weder in der Studienordnung vorgesehen noch werden sie geprüft. Mit anderen Worten, Studierende setzen sich vollkommen freiwillig mit Themen auseinander, die sie – aus welchen Gründen auch immer – besonders interessieren. Der zweite Typ wird mit dem Begriff „individuelles Selbststudium" umschrieben. Auch bei dieser Art des Selbststudiums erarbeiten sich die Studierenden die Lerninhalte in Eigenverantwortung. Im Unterschied zum ersten Typ sind die Themen und Inhalte allerdings in den Lehrveranstaltungen vorgegeben. Unter anderem geht es darum, zu einem besseren Verständnis der Lerninhalte zu gelangen und diese Inhalte dann auch zu verinnerlichen. Der Begriff „individuell" ist übrigens hier nicht ganz wörtlich zu nehmen; zumindest darf man ihn nicht dahingehend interpretieren, dass diese Aufarbeitung nur von Einzelpersonen, ohne Kontakt zu Kommilitoninnen und Kommilitonen, erfolgt. Sie kann nämlich auch in Lerngruppen stattfinden, die von den Studierenden selbst organisiert werden. Schließlich unterscheiden Landwehr und Müller einen dritten Typ, den sie „begleitetes Selbststudium" nennen. Für diese Art des Selbststudiums lassen sich einige wesentliche Merkmale angeben: Solche Lernaktivitäten werden von Lehrbeauftragten veranlasst. Während der Umsetzung werden sie von ihnen beraten.

Damit bin ich nun bei meinem eigentlichen Thema, dem begleiteten Selbststudium. Wir wissen alle, wie wichtig das Reproduzieren und Wiederholen von Lerninhalten bei der Wissensaneignung ist. Im Hinblick auf eine spätere berufliche Tätigkeit und auf wissenschaftliches Denken und Handeln braucht es aber mehr. Denn an der Hochschule sollten Studierende lernen, sich autonom Wissen anzueignen und – im besten Fall – einmal selbst neues Wissen zu produzieren. Damit dies gelingen kann, muss eigenverantwortliches Lernen früh geschult werden. Diese Schulung gehört zu den Aufgaben der Lehrenden.

Bei einer solchen Anleitung zum Selbstlernen gilt es, einige wichtige Aspekte zu beachten. Grundvoraussetzung ist selbstverständlich, dass in den Lehrveranstaltungen das Basiswissen vermittelt wird, mit dem die Studierenden an die selbstständigen Lernaktivitäten herangehen können. Diese grundlegenden Kenntnisse sollen sie dazu befähigen, in der Folge konkrete Arbeitsaufträge zu erledigen. Dabei obliegt es den Lehrbeauftragten einzuschätzen, welche Themen die Studierenden tatsächlich in Eigenverantwortung erarbeiten können. Denn Studierende sollen zwar gefordert, nicht aber überfordert werden.

Wie sollten Aufgaben im Sinne eines begleiteten Selbststudiums also beschaffen sein? Arbeitsaufträge sollten vor allem ganz präzise formulierte Fragestellungen enthalten. Diese dürfen durchaus vielschichtig sein. Wichtig ist, dass die konkrete Aufgabenstellung klar ersichtlich ist. Besonders anregend ist es für Studierende, wenn Arbeitsaufträge einen Bezug zu einer möglichen späteren Tätigkeit haben. Motivierend ist es auch, wenn sich Anknüpfungspunkte an konkrete Erfahrungen der Studierenden ergeben. Zusätzlich kann man den Studierenden auch mehrere Wege eröffnen: Wenn nicht nur eine, sondern mehrere Fragestellungen zur Auswahl angeboten werden, können die Studierenden sich eher nach ihren jeweiligen Interessensgebieten richten. Dies wiederum steigert die Motivation zur selbstständigen Auseinandersetzung mit dem Thema. Die überlegte Formulierung von Arbeitsaufträgen ist also ein Aspekt, den Lehrende in Zusammenhang mit begleitetem Selbststudium beachten sollten.

Ein weiterer, außerordentlich wichtiger Punkt ist die verantwortungsvolle Begleitung der Studierenden. Denn so unerlässlich autonomes Lernen auch ist, es birgt auch einige Gefahren. Wie kann man Defiziten und Fehlern entgegenwirken? Studierende selbst überblicken ein Gebiet nicht in dem Maße, wie es die Lehrenden tun, und sind somit nicht in der Lage, selbst Defizite in ihrem Grundwissen zu erkennen. Auch werden sie kaum fähig sein, methodische Fehler zu realisieren. Daraus ergibt sich die Forderung an Dozentinnen und Dozenten: immer wieder Zwischenergebnisse verlangen und den Studierenden nach der Prüfung ein ausführliches Feedback geben. Aus Sicht der Studierenden bedeutet das, dass sie sich mit möglichen Problemen an die Lehrenden wenden und dort angemessene Aufmerksamkeit für ihre Anliegen erwarten dürfen.

Wie Sie sehen können, geht es hier in hohem Maße um Vertrauen: einerseits Vertrauen seitens der Lehrenden, dass die Studierenden in der Lage sind, sich selbstständig und gewinnbringend mit Lerninhalten auseinanderzusetzen; andererseits seitens der Studierenden Vertrauen darauf, dass sie offen Schwierigkeiten ansprechen können, ohne eine abwertende Beurteilung befürchten zu müssen. Das Feedback soll den Studierenden vielmehr die Möglichkeit geben, einen möglichen Bedarf an Weiterentwicklung aufzuzeigen. Ein solcher Bedarf kann durchaus auch außerhalb des Fachwissens und der Methodik liegen, zum Beispiel bei der Fähigkeit, in einer Gruppe zu arbeiten, oder beim Organisieren von Arbeitsabläufen.

Zum Schluss möchte ich noch das Thema „Bewertung" ansprechen. Hier ist auf jeden Fall Transparenz gefordert. Mit anderen Worten, die Ergebnisse von Arbeitsaufträgen müssen nach eindeutigen, nachvollziehbaren Kriterien beurteilt werden. Sehr hilfreich kann es hier sein, die Studierenden zunächst nach der eigenen Einschätzung ihrer Arbeit zu fragen. Nach meiner Erfahrung trägt das viel dazu bei, dass die jungen Menschen lernen, ihre eigenen Fähigkeiten und möglichen Defizite richtig einzuschätzen. Hier kann man auch Rückmeldungen aus den vorhin erwähnten Lerngruppen einfließen lassen.

Auf jeden Fall sollte die Bewertung von Arbeitsaufträgen keinen Endpunkt darstellen, sondern eine Ausgangsbasis für die nächsten Phasen im Lern- und Entwicklungsprozess. Denn das ist das angestrebte Ziel des begleiteten Selbststudiums: fortgeschrittene Lernprozesse anzustoßen. Diese sollen zur selbstständigen Beschäftigung mit Wissen und letztendlich zum Erschaffen von eigenen, tragfähigen Erkenntnissen befähigen.

So viel zur Einführung. In unserem Workshop werden wir uns anhand von konkreten Beispielen mit verschiedenen Aufgabenmodellen beschäftigen. Dabei werden wir gemeinsam erarbeiten, ob und in welchem Ausmaß sie für ein begleitetes Selbststudium geeignet sind.

▶ Vielen Dank. Vor dem Saal haben wir Erfrischungsgetränke bereitgestellt. Der Workshop beginnt dann hier in ca. einer halben Stunde.

Übungstest telc Deutsch C1 Hochschule

Hörverstehen, Teil 1 (Track 22)

1 Manche meiner Kommilitoninnen und Kommilitonen klagen über die schlechte Qualität in unserer Mensa. Persönlich kann ich dem nicht zustimmen. Ich esse regelmäßig in unserer Mensa. Wenn ich mir im Supermarkt ein belegtes Brötchen und ein Getränk kaufe, zahle ich genauso viel wie für ein Menü in der Mensa. Ich kann jeden Tag unter drei Menüs wählen, mit oder ohne Fleisch, aber immer mit Vorspeise und Hauptspeise. Für ein Getränk muss ich nichts ausgeben, denn Wasser aus dem Wasserspender bekomme ich gratis dazu. Für das, was wir in unserer Mensa geboten bekommen, finde ich die Preise total in Ordnung. Klar, wie zu Hause schmeckt es nicht. Aber ich wüsste nicht, wo ich für so wenig Geld eine komplette Mahlzeit finden könnte. Im Restaurant jedenfalls nicht.

2 Mir ist es wichtig, wenigstens einmal am Tag etwas Warmes zu mir zu nehmen. Das bin ich von zu Hause her so gewohnt, und ich möchte auch im Studium nicht darauf verzichten. Morgens, mittags und abends Sandwiches, das ist nichts für mich. Und selbst kochen – na ja, ehrlich gesagt ist mir das alles viel zu anstrengend. Ich müsste mir jeden Tag überlegen, was ich koche, dann einkaufen gehen und mich am Abend, wenn ich nach Hause komme, noch an den Herd stellen ... Nein, dazu habe ich einfach keine Zeit. Außerdem habe ich keine Lust, für mich allein zu kochen. Restaurants sind zu teuer, und in Imbissbuden gibt es zu wenig Abwechslung. In der Mensa habe ich immer eine Auswahl. Für mich ist die Mensa also die einzige Möglichkeit, regelmäßig zu einer vollständigen Mahlzeit zu kommen.

3 Grundsätzlich ist eine Mensa eine sinnvolle Einrichtung an einer Hochschule, darüber herrscht vermutlich Einigkeit. Die Preise sind im Vergleich zum Angebot aber eindeutig zu hoch, zumindest in unserer Mensa. Erst im letzten Semester sind diese wieder angehoben worden. Es gibt schon günstige Gerichte, ja, aber die schmecken nicht besonders gut. Wenn man besseres Fleisch oder Fisch essen möchte, muss man ordentlich Geld hinlegen. Der Unterschied zu einem Tagesmenü im Restaurant ist da nicht mehr sehr groß. Vor Kurzem habe ich ein Praktikum in einem Unternehmen gemacht. Das Essen in der Betriebskantine dort war billiger, dabei viel besser und auch gesünder als in der Mensa. Wenn in der Privatwirtschaft gutes Essen zu günstigen Preisen angeboten werden kann, sollte das an staatlich geförderten Hochschulen doch auch möglich sein ...

4 Außer Haus essen ist für mich immer etwas kompliziert, weil ich spezielle Ernährungsgewohnheiten habe. Ich esse nämlich überhaupt keine tierischen Produkte. Glücklicherweise bietet unsere Mensa jeden Tag ein vegetarisches und ein veganes Gericht, und das zu einem wirklich günstigen Preis. Natürlich könnte ich mir auch im Supermarkt etwas Passendes besorgen – das würde ich auch tun, wenn die Mensa keine veganen Gerichte anbieten würde. So ist es aber viel einfacher. Ich gehe jeden Tag gemeinsam mit meinen Freunden essen und kann mich darauf verlassen, dass auch für mich etwas dabei ist. In Restaurants ist es häufig noch etwas schwierig für uns Veganer; oft sind wir mit Sonderwünschen auf das Verständnis des Personals angewiesen. Ich finde es wirklich toll, dass das hier in der Mensa so problemlos klappt.

5 Eigentlich mag ich die Atmosphäre in der Mensa: Man trifft sich zwischen zwei Lehrveranstaltungen, plaudert, bespricht was oder erfährt Neuigkeiten. Aber als große Kochkunst würde ich das Essen in der Mensa nicht gerade bezeichnen. Immerhin gibt es eine Auswahl und es ist meistens ganz in Ordnung. Ich kann zwischen drei Tagesmenüs und einigen weiteren Gerichten wählen. Irgendetwas ist immer für mich dabei. Und die Portionen können sich auch sehen lassen. Leider gibt es die günstigen Mittagsmenüs bei uns nur bis um 14:00 Uhr. Manchmal schaffe ich das nicht, weil ich länger in einer Veranstaltung bin. Die Sauberkeit der Tische lässt mitunter zu wünschen übrig, die könnten ruhig häufiger gewischt werden, auch in der Mittagszeit. Aber da müssen wir uns als Mensagäste wohl mitverantwortlich fühlen. An die Warteschlangen habe ich mich schon gewöhnt. Sie halten mich jedenfalls nicht davon ab, der Mensa täglich einen Besuch abzustatten. Das muss einfach sein!

6 Ich finde es wichtig, dass man sich Zeit nimmt zum Essen, und nicht über ein Buch gebeugt schnell ein Brot hinunterschlingt. Leider mangelt es oft an gesunden Gerichten. Es gibt viel Frittiertes, zum Beispiel das – wie ich zugeben muss, sehr beliebte – Wiener Schnitzel mit Pommes, oder endlos geschmorte, sehr deftige Gerichte. An Fett und billigen Ölen wird nicht gespart. Für meinen Geschmack gibt es zu wenig frische, knackige Sachen. Menschen, die sich bewusst gesünder ernähren möchten, haben es in der Mensa schwer. Ich würde gerne etwas höhere Preise in Kauf nehmen, wenn dafür mehr Wert auf die Qualität der Zutaten und die Auswahl der Gerichte gelegt würde.

7 Bei allem Respekt für die Leute, die jeden Tag für uns Studierende in der Mensa kochen – für mich geht das gar nicht. Massenabfertigung lehne ich grundsätzlich ab. Sie ist nicht mit verantwortungsvollem Essverhalten vereinbar. Man stellt sich in einer langen Warteschlange an, um schließlich ein optisch meist wenig ansprechendes Essen in Empfang zu nehmen. Als ebenso bescheiden empfinde ich den geschmacklichen Anspruch: meist fad und in der Regel auch noch lauwarm. Dazu Tabletts und Geschirr, die oft genug in der Hektik und unter dem Ansturm der Gäste eher oberflächlich gereinigt werden. Im studentischen Umfeld für viele bequem, aber für mich persönlich unannehmbar. Da esse ich lieber tagsüber Brot mit Obst oder Rohkost oder einen Joghurt. Abends nehme ich mir dann die Zeit, eine frische Mahlzeit mit hochwertigen Zutaten zuzubereiten.

8 Also ich habe den Eindruck, dass sich in den Mensen in letzter Zeit sehr viel verändert. Es gibt nicht nur Gerichte für Studierende mit besonderen Ernährungsweisen, sondern auch immer mehr Bioprodukte. Das finde ich ganz wichtig und das nicht nur, weil es unserer eigenen Gesundheit und der Umwelt zugutekommt. Das ist natürlich ein wesentlicher Aspekt. Ein anderer wichtiger Gesichtspunkt ist die Vorbildfunktion, die den Universitäten und Hochschulen zukommt. Diese Funktion nehmen sie auch im Hinblick auf gesundes Essen und nachhaltigen Lebensmittelanbau zunehmend wahr. Unsere Mensa hat seit letztem Semester einen neuen Betreiber. Der legt großen Wert auf frische, regionale Produkte. Die Speisen sind seitdem etwas teurer geworden. Aber das finde ich in Ordnung. Wir müssen alle lernen, dass Lebensmittel wertvoll sind und ihren Preis haben.

Hörverstehen, Teil 2 (Track 23)

▶ Die Qual der Wahl: Viele angehende Studierende schwanken zwischen unterschiedlichen Studiengängen, wägen Interessen, Aufnahmebedingungen und Berufschancen gegeneinander ab. Und selbst jene, die ihre Wahl eigentlich schon getroffen haben, stellen sich Fragen wie etwa: Was ist, wenn das Studium nicht meinen Erwartungen entspricht? Wenn ich feststelle, dass das Fach doch nicht das Richtige für mich ist? Zum Glück gibt es eine Reihe von Optionen, um sich im Vorfeld der Entscheidung zu informieren. Unter anderem gibt es an Hochschulen das sogenannte Schnupperstudium, also eine Art Probestudium. Dabei haben Studienanfängerinnen und -anfänger die Möglichkeit, an vielen regulären Lehrveranstaltungen teilzunehmen. Sie bekommen Einblicke in das Studienangebot und konkrete Vorstellungen davon, was sie erwartet. Bei uns zu Gast ist nun Adnan Hisari. Adnan ist 23 und studiert Industrielle Automatisierungstechnik. Bevor er sich für dieses Studium entschieden hat, war er an der TU Berlin für ein Schnupperstudium eingeschrieben. Wir sprechen heute über seine Erfahrungen. Adnan, herzlich willkommen.

▷ Gerne, hallo.

▶ Adnan, wieso ein Schnupperstudium – was hat dich dazu bewogen, probeweise zu studieren?

▷ Dass ich überhaupt an die Uni wollte, war für mich seit Langem klar. Auch dass es irgendetwas aus dem Bereich Technik und Naturwissenschaften sein sollte; für diese Richtung hatte ich mich bereits vor dem Abitur entschieden. Geistes- oder Sozialwissenschaften hatte ich nur kurz während meiner Schulzeit in Betracht gezogen, und ein Jurastudium zum Beispiel stand für mich nie zur Diskussion. Doch welches Fach es innerhalb des technisch-naturwissenschaftlichen Rahmens sein sollte, da war ich mir nicht so sicher. Ehrlich gesagt wusste ich auch gar nicht, was man da alles studieren kann.

▶ Du hast dich also erst einmal für ein Schnupperstudium entschieden. Wie läuft denn so etwas ab?

▷ Es gibt verschiedene Angebote an unterschiedlichen Hochschulen, von organisierten Tagesprogrammen für Schülergruppen bis zu längerfristigen Besuchen frei zu wählender Veranstaltungen. Grundsätzlich kann man sagen, dass man im Schnupperstudium eine Zusammenstellung echter Lehrveranstaltungen auf dem tatsächlichen Niveau des jeweiligen Studienfachs besucht.

▶ Und wie bist du das konkret angegangen? Hast du dir einfach eine Uni und diverse Lehrveranstaltungen selbst ausgewählt?

▷ Ich hatte das Glück, mein Schnupperstudium im Rahmen eines ganz speziellen Projekts, des sogenannten MINTgrün-Projekts, absolvieren zu können. Bei uns hieß das übrigens Orientierungsstudium, nicht Schnupperstudium. Also während dieses Orientierungsstudiums durfte ich zwei Semester lang an Veranstaltungen in MINT-Fächern, das heißt in den Fächern Mathematik, Informatik, Naturwissenschaften und Technik, teilnehmen. Es gab eigene Tutorien für uns Schnupperstudenten, und ich durfte in besonderen Labors arbeiten. Es gab auch ein Modul „Wissenschaftsfenster", in dem stark gegenwartsbezogene Forschungsthemen aus den genannten Fächern diskutiert wurden. Außerdem hatte ich die Gelegenheit, in einem eigenen Modul meine Erfahrungen zu reflektieren – alles in allem eine tolle Grundlage, um schließlich eine begründete Studienwahl treffen zu können.

▶ Kannst du uns etwas über die Aufnahmebedingungen für dieses Orientierungsstudium erzählen? Es gibt hier im Publikum sicher viele Interessentinnen und Interessenten für MINT-Fächer, die mehr darüber hören möchten.

▷ Das war eigentlich gar nicht kompliziert. Zum Glück war das Orientierungsstudium MINTgrün zulassungsfrei, was bedeutete, dass es keinen Numerus clausus gab und die Anzahl an Studienplätzen nicht begrenzt war. Voraussetzung war eine Hochschulzugangsberechtigung, das heißt das allgemeine Abitur oder eine fachgebundene Hochschulreife in Physik. Abitur hatte ich, also habe ich einfach online einen Immatrikulationsantrag ausgefüllt und ihn mit den erforderlichen Nachweisen an die TU geschickt. Ich hätte mich aber auch persönlich vor Ort einschreiben können.

▶ Galt dieses Angebot eigentlich nur für Studienanfängerinnen und -anfänger aus Deutschland?

▷ Nein, Interessentinnen und Interessenten mit ausländischen Schulabschlüssen konnten sich ebenso für das Orientierungsstudium bewerben. Ich glaube allerdings, dass sie sich an einer anderen Stelle bewerben mussten.

▶ Hast du nach dem Orientierungsstudium automatisch einen Platz in dem gewählten Studiengang bekommen?

▷ Also, es war so: Während des Orientierungsstudiums war ich formal im Bachelorlehrgang Physik mit der Studienrichtung MINTgrün eingeschrieben. Ich war ziemlich fleißig und hatte nach dem Jahr eine ganze Menge Punkte gesammelt. Die konnte ich mir dann größtenteils anrechnen lassen. Deshalb musste ich mich nicht für das erste Semester, sondern durfte mich gleich für ein höheres Fachsemester bewerben. Dort gab es freie Plätze, und ich konnte bald mit dem „echten" Studium beginnen.

▶ Damit hast du meine nächste Frage zum Teil schon vorweggenommen. Ich wollte nämlich wissen, ob du während deines Orientierungsstudiums auch Prüfungen abgelegt hast und ob du sie im späteren Verlauf auch nutzen konntest.

▷ Ja, und für mich waren diese Abschlussprüfungen der Module sehr wichtig. Die dadurch erworbenen Leistungspunkte ermöglichten mir wie gesagt die Bewerbung in ein höheres Fachsemester. Für den Wechsel in meinen Studiengang mussten die anrechenbaren Leistungen allerdings zuerst vom Prüfungsreferat anerkannt werden.

▶ Durftest du denn die Lehrveranstaltungen, die du zur Orientierung besuchen wolltest, frei wählen?

▷ Also, es gab einen freien Wahlbereich und einen Wahlpflichtbereich. Im freien Wahlbereich durfte ich jeden Kurs wählen, den ich wollte. Im Wahlpflichtbereich durfte ich grundsätzlich nur zwischen bestimmten Modulen wählen, die in einem besonderen Modulkatalog aufgeführt waren. Wenn ich andere, für mich geeignete Module hätte belegen wollen, hätte ich sie nach Rücksprache mit der Projektleitung vielleicht belegen können. Aber mir passten die angebotenen Module und die Veranstaltungen ganz gut.

▶ Und wie war das mit den Kosten – musstest du dieses Orientierungsstudium selbst bezahlen?

▷ Da ich im Bachelor Physik immatrikuliert war, musste ich die üblichen Studiengebühren zahlen, das waren 300 Euro pro Semester. Ich bekam dafür wie alle anderen Studentinnen und Studenten einen Studierendenausweis und ein Semesterticket. Krankenversichert war ich nach wie vor über meine Eltern.

▶ Hattest du denn während deiner Orientierungszeit viel Kontakt zu anderen, in Anführungszeichen, „echten" oder „normalen" Studierenden?

▷ Die Lehrveranstaltungen habe ich gemeinsam mit den „normalen" Studentinnen und Studenten besucht. Das fand ich auch gut. So konnte ich mich mit Studierenden austauschen, die sich bereits für ein Fach entschieden hatten. Ich habe mit ihnen über offene Fragen und über meine Ängste gesprochen und von ihnen viele wichtige Informationen erhalten. Schließlich hat mich auch dieser enge Kontakt in meiner Entscheidung für meinen Studiengang Automatisierungstechnik bestärkt. In den Praxisstunden hatten wir von MINTgrün jedoch andere Laborräume.

▶ Wie würdest du im Rückblick diese Zeit des Kennenlernens beurteilen, und könntest du sie auch anderen angehenden Studierenden empfehlen?

▷ Für mich persönlich war das Projekt eine absolute Erfolgsgeschichte. Als ich mit meinem eigentlichen Studium anfing, hatte ich schon viele Erfahrungen gesammelt. Ich hatte die Atmosphäre an der Uni kennengelernt und ich hatte jede Menge echter Lehrveranstaltungen besucht. Die vielen Unbekannten, vor denen Erstsemester stehen, fielen bei meinem Studieneinstieg weg. Ich konnte von Anfang an so richtig loslegen, noch dazu in einem höheren Semester. Und ich wusste vor allem: Das Studium war für mich genau das Richtige! Ich hatte überhaupt keine Befürchtungen mehr, dass ich ein MINT-Studium vielleicht nicht schaffen könne. Ich glaube, dass Studieren auf Probe auch für andere Studienrichtungen unbedingt empfehlenswert ist. Ob in Form von organisierten Tagesprogrammen oder häufigeren Besuchen, auf jeden Fall gewinnt man dadurch Einblicke in konkrete Studienangebote und in die Wirklichkeit des Lebens an einer Universität.

▶ Adnan, danke fürs Kommen und weiterhin alles Gute!

Hörverstehen, Teil 3 (Track 24)

▶ Klimawandel, Gentechnik, künstliche Intelligenz, neue Formen der Energiegewinnung – das alles sind wissenschaftliche Themen, die auch bei einem Laienpublikum auf großes Interesse stoßen. Wie aber können Forscher einer breiten Öffentlichkeit die Ergebnisse ihrer Forschungen vermitteln? „Wissenschaftskommunikation" ist das Thema unseres heutigen Vortrags, zu dem ich Sie alle sehr herzlich willkommen heiße. Dazu begrüße ich auch unsere heutige Gastrednerin, Frau Saba Keïta. Sie ist studierte Chemikerin. In den letzten Jahren hat sie sich ganz der Vermittlung von wissenschaftlichen Inhalten verschrieben und dafür sogar ihre Anstellung in einem großen Forschungslabor aufgegeben. Sie bereitet unter anderem die Online-Inhalte wissenschaftlicher Tagungen auf, hält Vorträge und leitet Seminare. Frau Keïta, herzlich willkommen!

▷ Vielen Dank. Ja, neben der Chemie ist Wissenschaftskommunikation meine große Leidenschaft, ein ungemein spannendes und lohnendes Gebiet, auf dem ich mit großer Freude tätig bin. Doch Wissenschaftskommunikation ist nicht nur mein privates Vergnügen, sondern –

und davon bin ich überzeugt – eine absolute Notwendigkeit in jeder demokratischen Gesellschaft. Hier sehe ich einen ersten, für mich sehr grundlegenden Punkt, der eine angemessene Kommunikation von wissenschaftlichen Inhalten und Ergebnissen erforderlich macht. Dieser erste Punkt ist die Demokratisierung des Wissens. Forschungsergebnisse führen zwar nicht immer, aber doch häufig zu Anwendungen, und diese Anwendungen betreffen jede und jeden von uns. Wir als Gesellschaft müssen Entscheidungen fällen, die einen prägenden Einfluss nicht nur auf unsere eigene Existenz, sondern auch auf das Leben künftiger Generationen haben können. Deshalb haben wir alle ein Recht auf Information, und Wissenschaft hat die Verpflichtung zur Information.

Doch bevor Forschung zu Ergebnissen und Anwendungen führen kann, muss sie erst einmal stattfinden. Hier ergibt sich der zweite Punkt, der die Kommunikation wissenschaftlicher Methoden und Ziele unerlässlich macht. Damit Forscherinnen und Forscher arbeiten können, brauchen sie angemessene Rahmenbedingungen, Instrumente und Labore – mit einem Wort, Sie ahnen es bereits: Geld. Dieser zweite Punkt ist somit die Finanzierung von Forschung. Um potenzielle Geldgeber von den Zielsetzungen eines Forschungsprojekts überzeugen zu können, müssen Wissenschaftler in der Lage sein, diese auch verständlich darzulegen.

In den USA wird wissenschaftliche Forschung schon seit Langem auch über Drittmittel von außen finanziert. Deshalb ist die Schulung zur Wissenschaftskommunikation an den großen amerikanischen Unis auch fester Bestandteil der Studien, denn potenzielle Geldgeber möchten verstehen, wofür sie ihr Geld ausgeben sollen. Ich sehe hier in Deutschland noch großen Nachholbedarf. Meine Forderung lautet daher: Wissenschaftskommunikation muss bereits im Studium gelehrt und geübt werden. In den Vereinigten Staaten hat die Forschergemeinschaft nur geringe Bedenken, sich in verständlicher Sprache auch an ein Laienpublikum zu wenden. Hierzulande scheinen viele eine Geringschätzung durch Fachkolleginnen und -kollegen zu befürchten, wenn sie die Fachsprache verlassen. Fachbegriffe, komplizierte Satzstrukturen und Fremdwörter – mit einem Wort: Fachchinesisch erscheint so manchen vielleicht als notwendiges Zeichen von wissenschaftlicher Seriosität.

Verstehen Sie mich aber bitte nicht falsch: Ich bezweifle keineswegs die Sinnhaftigkeit von Fachsprachen. Forscherinnen und Forscher müssen sich mit Kolleginnen und Kollegen austauschen können, auch international. Umso wichtiger ist es, dass sie über eine gemeinsame Sprache, eben ihre jeweilige Fachsprache, verfügen. Die Fachsprache ist also ein unerlässliches Instrument, um Missverständnisse zu vermeiden. Ohne klare Begriffe und eindeutige Definitionen kann kein Forscher argumentieren. Und ein fruchtbarer Austausch kann nur dann stattfinden, wenn allen dasselbe sprachliche Instrument mit unmissverständlichen Bedeutungen zur Verfügung steht. Bestimmte Sachverhalte müssen überall mit denselben Begriffen bezeichnet und auf Anhieb verstanden werden. Wissenschaft muss eine gemeinsame Sprache sprechen. Diese gemeinsame Sprache ist in jedem Fachbereich die eigene Fachsprache.

Forscher sollten jedoch bei der Weitergabe von Forschungsinhalten bedenken: An wen wende ich mich? Wen und was möchte ich damit erreichen? Ausschlaggebend für die Wahl der Sprache ist demnach die jeweilige Zielgruppe.

Welche Zielgruppen haben Wissenschaftler als Adressaten? Nun, in erster Linie die internationale Wissenschaftsgemeinde. Ziel der Kommunikation ist hier die Vermittlung von Theorien und Erkenntnissen und darüber hinaus die fachliche Anerkennung. Die Sprache der Wahl wird für diese Gruppe selbstverständlich die Fachsprache sein – wobei auch hier auf einen möglichen interdisziplinären Austausch Rücksicht genommen werden sollte. Der nächste Adressatenkreis besteht aus politischen Entscheidungsträgern und Sponsoren. Bei dieser Zielgruppe geht es um Verständnis und um Forschungsförderung.

Schließlich kommt als dritte Gruppe das breite Publikum hinzu, bei dem man Interesse wecken und Überzeugungsarbeit leisten möchte. Die Menschen sollen begreifen, dass wissenschaftliche Forschung notwendig ist, dass die öffentlichen Forschungsgelder sinnvoll verwendet werden und dass Forschungsarbeit der ganzen Gemeinschaft nutzt. Innerhalb dieser Gruppe sollen vor allem auch Kinder und Jugendliche angesprochen werden, um frühzeitig Begeisterung zu wecken und für den nötigen Nachwuchs zu sorgen.

Während man die Scientific Community, also die internationale Wissenschaftsgemeinde, nach wie vor über traditionelle Wege wie Fachzeitschriften, Tagungen, internationale Konferenzen und ländergreifende Projekte anspricht, können Wissenschaftler dank der neuen Medien für ein breiteres Publikum auf bisher ungeahnte Möglichkeiten zurückgreifen: Sie twittern, bloggen oder erklären Wissenschaft in Vorträgen auf YouTube. Die technischen Voraussetzungen sind da. Soll die Aufklärung und Information der Öffentlichkeit aber gelingen, bedarf es auch einer verständlichen Kommunikation.

In diesem Zusammenhang lassen sich einige ganz einfache Grundregeln für Forscherinnen und Forscher formulieren, die wie folgt lauten. Erstens: Erklären Sie so konkret wie möglich, weshalb und für wen Ihre Forschungen wichtig sind. Zweitens: Versuchen Sie erst gar nicht, Ihre Methoden zu erklären. Kein Laie wird sie verstehen. Drittens: Konzentrieren Sie sich auf Ihre wichtigsten Ergebnisse.

Was den Stil der Kommunikation betrifft, so gilt es, einige Fehler zu vermeiden. Zum einen sollten Sie möglichst wenig Fremdwörter oder Abkürzungen verwenden. Diese mögen Ihnen geläufig und in Ihrem Fach selbstverständlich sein. Für einen Laien können sie jedoch das Verständnis erschweren oder unmöglich machen. Zum anderen sollten Sie Passivformen umgehen. Bleiben Sie sichtbar: Statt Formulierungen wie „Es wurde in der Studie festgestellt" wählen Sie lieber die aktive Form: „Wir haben in unserer Studie festgestellt". Und verzichten Sie auf endlose Schachtelsätze, Ihrer Leser- und Zuhörerschaft zuliebe.

Natürlich beschränkt sich Wissenschaftskommunikation nicht auf eine Handvoll Regeln, da bedarf es schon umfassenderer Anstrengungen. Dem Ziel, die Kommunikationskompetenz von Wissenschaftlerinnen und Wissenschaftlern nachhaltig zu fördern, hat sich in Deutschland das NaWik in Karlsruhe verschrieben. Die Abkürzung steht für Nationales Institut für Wissenschaftskommunikation. Dieses möchte, entsprechend seiner eigenen Formulierung, „Wissenschaftlern, Studierenden und professionellen Öffentlichkeitsarbeitern die Grundlagen guter Wissenschaftskommunikation vermitteln". In unterschiedlichen Formaten will es neue Ansätze und das nötige Werkzeug liefern, um Forschung besser kommunizieren zu können.

Das Institutsteam besteht aus erfahrenen Dozentinnen und Dozenten. Die Seminare behandeln unterschiedliche Aspekte der wissenschaftlichen Kommunikation. Im Angebot finden sich Themen wie „Wissenschaftlich schreiben", „Verständlich schreiben", „Stimm- und Sprachbildung", „Medientraining" oder „Risiko- und Krisenkommunikation". Die Arbeit beruht auf der Überzeugung, dass Wissenschaft ein wichtiger Teil unserer Kultur und unerlässlich für die künftige Entwicklung der Gesellschaft sei. „Wenn Wissenschaft viele Menschen erreichen soll, muss sie verständlich sein", heißt es auf der Homepage des Instituts.

Doch auch die Wissenschaft selbst profitiert von der gelungenen Kommunikation mit der Öffentlichkeit, hilft sie den Akteuren doch, über das eigene Spezialgebiet hinaus den Blick auf größere Zusammenhänge zu gewähren.

Herzlichen Dank für Ihre Aufmerksamkeit!